NOUVELLE ÉDITION

Considérablement augmentée

—

PETIT

MANUEL D'ART

A l'usage des ignorants

LA PEINTURE — LA SCULPTURE

PAR

JEAN DOLENT

Six eaux-fortes par EUGÈNE MILLET

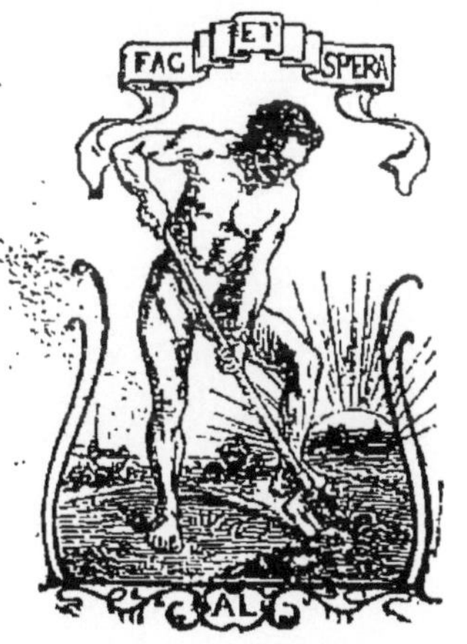

PARIS

ALPHONSE LEMERRE, ÉDITEUR

27-29, PASSAGE CHOISEUL, 27-29

M.DCCC.LXXIV

PETIT
MANUEL D'ART

A l'usage des ignorants

—

LA PEINTURE — LA SCULPTURE

V

Paris.—Imprimé chez Gauthier-Villars, 55, quai des Augustins.
2418-74.

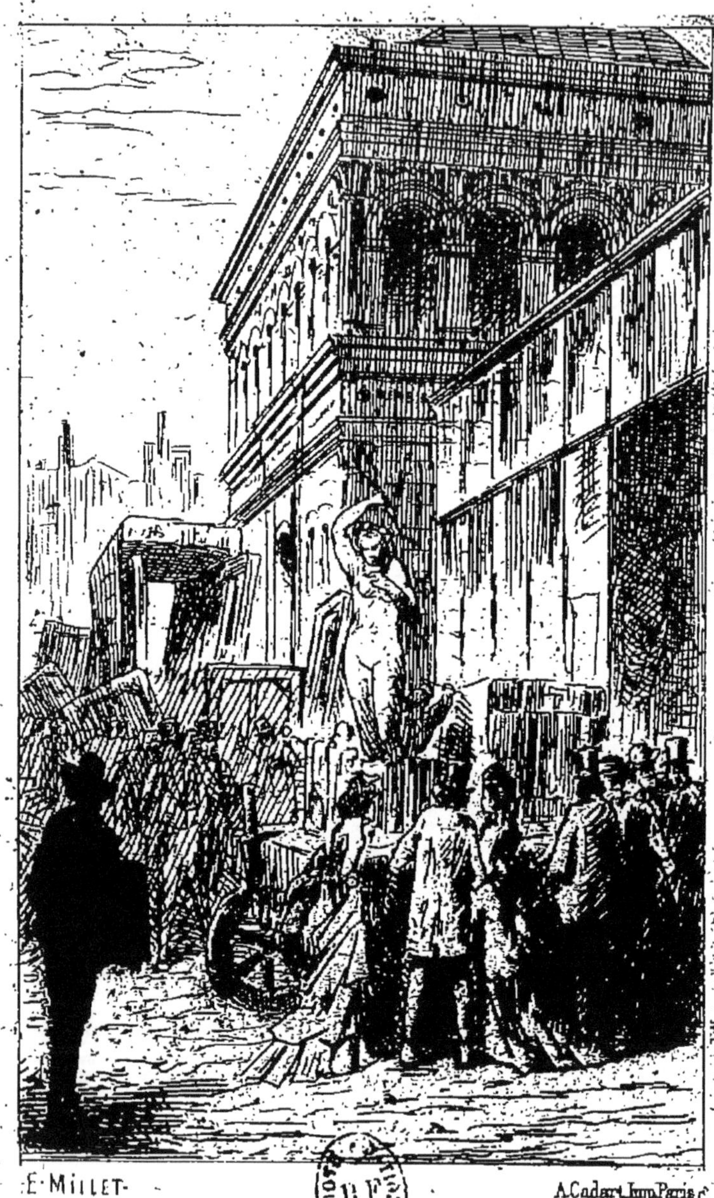

LE 20 MARS.

Dernier délai pour le dépôt des Œuvres d'Art.

NOUVELLE ÉDITION

Considérablement augmentée

—

PETIT
MANUEL D'ART

À l'usage des ignorants

LA PEINTURE — LA SCULPTURE

PAR

JEAN DOLENT

Six eaux-fortes par Eugène Millet

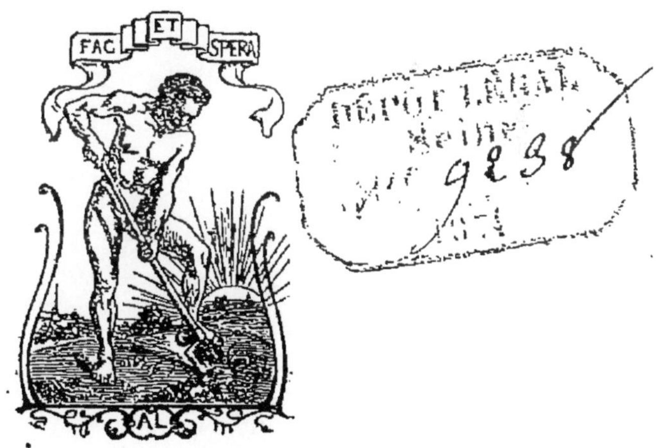

PARIS

ALPHONSE LEMERRE, ÉDITEUR

27-29, PASSAGE CHOISEUL, 27-29

M.DCCC.LXXIV

PETIT
MANUEL D'ART

A L'USAGE
DES IGNORANTS

—

LA PEINTURE - LA SCULPTURE

CHAPITRE Ier

FAÇONS DE VOIR — MANIÈRES D'ENTENDRE

I

Le notable jeune M. Lagouette.

Présentation :

« Le jeune M. Lagouette dit réagir contre le lyrisme de M. Joseph Prud'homme, et il se complaît dans une fausse simplicité. Ce jeune monsieur est circonspect. D'un grand artiste, il dit : « Il n'est pas sans talent ; » d'un héros : « Il n'est pas sans courage. » C'est un jeune homme aux idées modérées ; il aime l'imagination modérément.

« Le jeune M. Lagouette loue « la chasteté » d'une maigre poitrine, « la décence » des regards éteints ; les beaux yeux ont un défaut : ils brillent.

« Sobre dans le geste et l'expression, il tire un passable parti de sa nature médiocre ; c'est un épi vide, de belle paille ; atteint d'anémie et rachitique un peu, il en prend de la distinction.

« Il qualifie les hommes de mérite par un diminutif ; c'est là l'originalité de Lagouette ; il fait ressemblant en petit ; les « réductions » de ce jeune monsieur plaisent généralement. Le jeune Lagouette dit du statuaire Barye : « Il « est adroit ; » du *Dante* d'Eugène Delacroix : « C'est habilement fait. » Ce qui le charme dans les tableaux d'Ingres, ce n'est pas la ligne, c'est la couleur (1). »

(1) *L'Insoumis.*

II

Des connaissances spéciales du jeune M. Lagouette.

Souvent, écoutant à demi le jeune M. Lagouette qui béatement s'écoutait, je lui reconnus une opinion sur le mérite comparé des constitutions politiques; je vis qu'il jugeait d'une façon suffisante les différents modes d'entraînage, « les attaques » de Mérignac, « l'à-propos » de Robert, les romans de mœurs de M. Adolphe Belot, les comédies de caractère de M. Victorien Sardou, mais qu'il n'avait aucune opinion raisonnable sur les choses d'art. Et je pris ainsi l'envie de lui donner le goût de ces choses ignorées. Je sais qu'il y a un certain nombre de savants, écrivains spéciaux, ayant beaucoup écrit sur les styles et sur les écoles; ils conduisent honnêtement, gravement, le lecteur à Munich, à Berlin, à Anvers, à Rome, à Madrid. Moi qui ai vu la mer au Havre et l'Orient chez le peintre Gérôme, je conduisis le jeune M. Lagouette là tout près, au musée du Louvre, au musée du Luxembourg, et, en regardant, nous causions.

Un jour, le jeune Lagouette me dit :

— Après vous avoir écouté, qu'aurai-je appris?

— A vous taire sur ce que vous ignorez; ce sera un assez beau premier résultat.

III

Qu'il faut aussi bien respecter les belles déesses que les jolies femmes.

Au musée du Luxembourg, dans un long corridor sombre, on distingue vaguement des statues, ce qui est fait pour consoler les statuaires dont les œuvres ne sont pas acquises par l'Etat. Le jeune M. Lagouette examina de près, de tout près, les statues de déesses et les statues de femmes ; je lui dis de s'éloigner un peu, qu'il jugerait mieux ainsi de l'ensemble ; qu'il est irrévérent de regarder les déesses et les femmes sous le nez. En garçon docile, il recula d'un pas, d'un demi-pas.

IV

Que la vue de la parfaite beauté a le pouvoir de rendre modeste.

J'aimais à appeler son attention sur l'*Achille* et l'*Hercule Farnèse* ; cette vue me semblait de nature à disposer le jeune M. Lagouette à l'humilité. Je trouvai bien de citer l'opinion de M. de Montabert :

« Il n'y a pas sept merveilles ; il n'y en a qu'une : l'art grec. »

Moi je lui dis :

— Il n'y a qu'une merveille : l'art.

Devant l'*Hercule,* le jeune Lagouette avait dit : Il est bien bâti.

En face de l'*Achille :* Il est bel homme.

Arrivé à la *Vénus de Milo*, je lui donnai pour vraisemblable cette hypothèse, qui est mienne : « Le statuaire de la *Vénus de Milo* a lui-même mutilé son œuvre : sa déesse avait des bras de femme. »

Et sans tenir en grand mépris les déesses de théâtre, qui semblent, au dire des lyriques de feuilleton, sortir « palpitantes » du marbre de Paros, je pensai qu'un travail de comparaison allait se faire en ce petit cerveau entre la fermeté du marbre antique et le sein de marbre « frissonnant » des déesses modernes : frissonnant est ici un euphémisme.

V

Qu'il est bien pour l'ignorant de visiter les musées en compagnie d'une personne sensible aux choses d'art.

Il aimait à me poser une question de façon à m'embarrasser ; il me dit d'un ton sournois :

— Pour arriver à distinguer le bon du mauvais, le mauvais du pire, devrai-je étudier la philosophie, la perspective, l'anatomie?

— Et pourquoi pas?

J'ajoutai :

— Les vers, les petits vers légers vous plaisent, si peu que vous soyez entraîné par la poésie, ô Lagouette! Vous aimez la musique au rhythme sautillant et vous n'êtes pas musicien : jouissance par les oreilles; renoncerez-vous à cette jouissance des yeux : la peinture, la sculpture? Allez souvent au Louvre, tout seul, ou bien avec quelque bon compagnon initié aux choses d'art. Avez-vous un camarade qui ne soit ni banquier ni notaire?

— Certes.

— Un peintre?

— Non.

— Un sculpteur?

— Non; j'ai un ami photographe.

— Vous ne m'avez pas compris, Lagouette.

Devant la *Kermesse* de Rubens, toute vie et toute lumière, il dit :

— C'est drôle.

VI

Ce que savent le jeune M. Lagouette et ses jeunes amis.

En vue de donner de l'émulation au jeune M. Lagouette, je lui dis :

— Sans doute vous pouvez confondre Jane Grey et Marie Stuart, Jeanne Hachette et la Pucelle ; néanmoins vous avez quelques éléments d'histoire, de géographie ; vous savez qu'Esope était bossu, que Venise a été bâtie sur pilotis, que Jésus était contemporain d'Auguste ; mieux, vous pouvez, d'une main savante, détacher une aile de perdreau, ce qui est un grand avantage sur ceux qui ne savent rien ; mais ce que j'envie en vous et en vos amis, c'est l'imperturbable aplomb que vous gardez en toutes circonstances. Que ne suis-je ainsi doué !

J'avais dix-huit ans ; je dessinais des rosaces et des palmettes à côté d'un grand bon garçon de mon âge et qui est mort à vingt ans, le frère de Mlle Favart. Il me disait souvent : Viens donc à la maison. Un jour je me décide. Il demeurait avec sa sœur. Il lui avait dit : J'ai un camarade à l'atelier qui a la passion des livres et du théâtre : c'est le fils du contre-maître. Il a de la mémoire ; on lui fait conter ce qu'il a vu et lu ; c'est très-amusant.

Mlle Favart avait dit :

— Amène-moi ce garçon-là !

Je crois bien, le fils du contre-maître !

Nous arrivons.

Mlle Favart était près de la fenêtre, occupée à coudre.

— Bonjour, monsieur.

— Bonjour, mademoiselle.

Mon grand Favart me montra de curieux dessins à la sépia, signés Pierre Beauvallet. Je les regardai sans dire mot. Toute la pièce formait une immense bibliothèque, appartenant à un parent, consul en Italie. Les beaux livres, les bons livres ! J'admirai en silence,

Favart se disait : Qu'a-t-il donc ?

Mlle Favart me dit :

— Vous aimez le théâtre ?

— Oui, mademoiselle.

— Vous m'avez vue jouer ?

— Oui, mademoiselle.

Oui, et ce fut tout. Mlle Favart m'avait dit de m'asseoir ; je m'étais assis. Interrogé, je m'étais levé ; j'aurais voulu me rasseoir, je n'osais pas ; j'avais gardé mon chapeau à la main ; je n'étais pas pressé de partir, cependant. J'avais l'air d'un niais ; je le sentais.

— Dans quelle pièce m'avez-vous vue ?

J'avais vu Mlle Favart jouer ces jeunes amoureuses désolées de la tragédie, nées pour être belles, être aimées, pleurer et bientôt mourir ; tout troublé devant l'artiste, un seul nom de pièce me vint aux lèvres, une pièce à notaire, une pauvre pièce nouvelle, *le Sage et le Fou*, où Mlle Favart s'était montrée mal à l'aise.

— Dans *le Sage et le Fou*, dis-je étourdiment.

— Ah !

Mlle Favart de coudre alors avec ardeur,

sans plus lever les yeux ni me parler. Ce devait être un travail pressé. Je partis...

Et ce bon Favart avait dit : Il a une langue !

— Vous, ô Lagouette ! rien ne vous saisit, ne vous trouble. Ne vous hâtez pas de triompher : infirmité cruelle ! vous n'êtes pas sensible, vous n'avez ni bonhomie ni naïveté, et c'est là une grande infériorité.

Un jour, il prit un petit air malin pour me dire :

— Et l'art démocratique, dont vous ne me parlez pas, l'art moralisateur ?

— O Lagouette ! vous répétez d'un air épanoui de pauvres plaisanteries bien connues et qui, nouvelles, étaient déjà des sottises ; les hommes qui ont trouvé ces choses ne sont pas méchants, on les calomnie : ils sont bêtes, voilà tout ; la pêche aux coquins se fait à la ligne, en choisissant bien hameçon et appât ; la pêche aux imbéciles se fait au filet ; et quelle pêche, ô Lagouette ! c'est à rompre les mailles !

VII

*Qu'il faut beaucoup de vouloir et peu de savoir pour faire
la leçon aux ignorants.*

— O Lagouette ! je suis propre à faire la classe des petits ; bien peu de science nous sépare, ce qui me garde d'être pédant.

— Il y a un vers latin qui rend bien cet état particulier.

— J'entends mal le latin.

— Vraiment !

— C'est assez commun ; ce qui est plus rare, c'est d'en convenir. Je vous demande d'être modeste en présence de gens qui ont appris ce qu'ils savent, péniblement, la besogne faite, la nuit souvent. Ils ont mangé des pois secs dans la saison des pois verts ; ils lisaient Platon dans la saison de l'amour.

Ce qui fit rire le jeune M. Lagouette.

Je lui dis :

— Après avoir fréquenté les musées, vous
verrez clair sur le costume que votre tailleur
vous fait porter. Je vous demande de leur donner les heures que vous suivez d'un œil en-
nuyé sur le cadran de vos pendules à sujet.

VIII

M. Cham et M. Daumier. — De la peinture de l'avenir. —
M. Daubigny et M. Monet. — Système de M. Manet ex-
pliqué par M. Ernest Chesneau. — M. Henri Lehmann,
réaliste.

Lagouette me dit :

— Une caricature peut-elle être une œuvre
d'art ?

— Oui. Quand on a été pris à regarder un
Cham et à rire, on s'excuse; un Daumier, on
n'a pas à s'excuser d'avoir ri.

J'entendais souvent revenir cette phrase
ironique : la *peinture de l'avenir*. Je dis à
Lagouette : — Parlez avec mesure; le peintre

Monet donne à rire, dites-vous ; et je le sais, vous tenez ce jugement d'un peintre amateur qui s'est fait pendant un an des taches d'huile à l'atelier de M. Picot ; mais j'ai à vous dire que M. Monet est pris au sérieux par plus d'un ; j'ai vu le bon peintre Daubigny acheter 1,400 francs un tableau de M. Monet. Soyez prudent dans vos propos. Le peintre Manet aussi n'est à vos yeux qu'un excentrique ; gros mot, Lagouette ! M. Ernest Chesneau expose très-bien le système de cet artiste :

« M. Manet aura remarqué que les peintres en général, à de très-rares exceptions près (Rubens, Véronèse peut-être), ont tous adopté un procédé de coloration qui n'était, comme la peinture elle-même, qu'un mode conventionnel d'exprimer ou d'interpréter la nature. Qu'a donc voulu tenter M. Manet ? Il a voulu ramener la peinture à la reproduction strictement fidèle des tons de la nature éclairés par la lumière diffuse. Je précise et dis que les objets dans ce cas doivent être éclairés par la lumière diffuse, car si on les supposait directement éclairés par la lumière du soleil, il y aurait de tels écarts d'intensité entre les parties lumineuses et les parties d'ombre, que nos couleurs chimiques seraient parfaitement impuissantes à les rendre. Eh bien, dans cet esprit, M. Manet a réussi quelques ouvrages. Sans altération il a rendu avec fermeté, avec vérité, avec justesse, des effets, — non des effets, car le propre de cette peinture est nécessairement de fuir l'effet, — mais des sujets choisis consciemment ou non, dans les limites que j'ai indiquées plus haut : des objets inanimés posés sur une table d'intérieur, des scènes prises au dedans à la lumière du nord. »

— Et le réalisme ?

— Le réalisme c'est quelque chose, et votre dédain ce n'est rien. A ce sujet, je vous dirai que l'on n'a jamais pu bien exactement définir le réalisme, le naturalisme, le classicisme, le romantisme.

Devant le superbe tableau de Courbet : la *Femme nue couchée*, présenté au Salon de 1872 et repoussé par le jury, le jeune Lagouette dit, daigna dire :

— Il y a quelque chose.

A propos du réalisme, j'ai lu dans l'*Artiste* un compte rendu où se trouvent ces lignes (Salon de 1842) :

« Dans la *Flagellation*, par M. Henri Lehmann, un homme crache à la face du Christ une salive épaisse, visqueuse... »

M. Lehmann n'a pas été dépassé.

CHAPITRE II

DES JOUISSANCES DUES AUX BEAUX-ARTS

I

Edmond Morin.

Je venais d'entendre de la bonne musique,
du Mozart et du Rossini, chez M. Sonzogno ;
j'étais avec le dessinateur Ed. Morin. Vous
avez vu ses croquis légers qui accompagnaient
dans la *Vie parisienne* les contes parisiens de
M. Gustave Droz ?

2.

— Oui.

Je tiens pour Morin contre Droz : Ed. Morin, lui, il dit tout sans tout dire. Nous causions, nous causions d'art, parbleu! Et en causant nous allions devant nous. M. Morin attaquait; je ripostais. Nous marchions toujours; la pluie vint. Il était trois heures du matin, nous étions boulevard de La Chapelle, et il pleuvait! Nous bataillons. La pluie redouble. Je prends l'offensive, et j'atteins M. Morin dans les maîtres de son choix. Il ouvre son parapluie et entame la réplique. La belle nuit (1)!

II

Une larme de comédienne, une larme de critique d'art.

Je dis à Lagouette :

— Un critique d'art raconte que regardant

(1) J'emprunte quelques lignes à une lettre courtoise de M. H. Blaze de Bury : « La même histoire m'est arrivée jadis avec Musset. Seulement, avec nous, cela se passait sur le boulevard des Italiens, par un beau clair de lune, et c'était à propos de Schubert qu'on *batailla* jusqu'à l'aurore. »

la *Vierge à la chaise*, accompagné d'une can-
tatrice, ils avaient eu tous deux les yeux pleins
de larmes.

— Oh! fit Lagouette.

— Ne riez pas, ou je vous plante là.

— Je ne ris plus; mais comment pleurer
devant cette *Vierge à la chaise!* ce n'est pas
là un sujet triste; encore si c'était une Vierge
au pied de la croix!

— Un tableau de maître a des beautés sé-
vères qui ne sont pas comprises de l'ignorant;
il doit le voir, le voir encore.

A la première audition d'une symphonie,
que de gens ont dormi, bâillé à la deuxième
et qui à la troisième ont été charmés! On
ressent alors quelque chose comme si notre
propre vie était le sujet de la symphonie. Le
début des violoncelles répond à la fureur
qu'inspire une femme trop aimée; une réponse
des violons, et l'on croit entendre la réplique
de la coquette; les cuivres prennent la voix
du jaloux jusqu'au moment où une rentrée de
flûtes fait le tableau de la réconciliation.

Plus tard, vous entendrez et vous verrez;

déjà vous jugez du pouvoir du beau : larmes de critique, larmes de comédienne, larmes rares !

III

Hadol.

Le dessinateur Hadol a cette grâce, l'imagination. Il a pu, en dehors de ses ingénieuses fantaisies de la *Vie parisienne,* du *Charivari,* de l'*Eclipse,* donner les dessins si naïfs des VIEUX NOELS. M. Jules Claretie l'affirme : « On dira les Noëls d'Hadol comme on a dit le Noël d'Adam. » Il a composé pour le ROMAN DE LA CHAIR des tableaux d'un sentiment intime exquis. C'est que si Hadol a cette qualité, l'imagination, il a ce don, la sensibilité ; oui, ce Parisien ! Hadol convalescent, encore bien pâle et faible, était à mon bras ; en passant près de la vitrine d'un marchand de tableaux, nous nous arrêtons; une toile de Daubigny était en montre.

— Ah! dit-il épanoui, devant un Daubigny, je respire!

IV

L'amoureux de la *Joconde*.

J'arrêtai Lagouette au Louvre devant la *Joconde* de Léonard de Vinci, et je lui dis :

— J'ai vu longtemps à cette place un vieux monsieur qui copiait la *Joconde*. Sa copie était assez exacte, timide, médiocre. Il s'appliquait. La besogne n'avançait pas; il retouchait, retouchait; les yeux l'arrêtaient; les rendre dépassait son petit pouvoir. Il ne se décourageait pas. Avec quel ravissement chaque matin il se mettait à l'œuvre! Il était un peu triste au départ. Qu'il la trouvait belle, cette *Joconde* adorable! Il l'aurait certainement volée, le brave homme; mais voler n'est pas honnête, et puis le gardien veille. Les jeunes demoiselles qui font au Louvre des copies de l'*Achille* disaient : « C'est l'amoureux de Joconde. » Amoureux, il l'était. Une grande fille brune dit un jour un peu trop haut : « Le vieux serin ! » Il entendit. « Oh ! mademoiselle ! » dit-il. Il n'avait pas d'illusion sur le mérite de sa peinture ; c'était de la peinture honnête et plate. Il espérait se perfectionner. Ah ! s'il avait pu entrer dans le secret de l'œuvre admirable ! Jamais main aussi malhabile ne trahit un cœur plus ardent. Il était propret, convenable, pauvre sans doute : il n'employait que des couleurs communes. Il remplaçait le bleu lapis-lazuli par un mélange d'outremer et de blanc; il se passait du jaune indien et se servait de jaune de chrome foncé; au lieu de garance rose (trois francs le tube), il avait la laque ordinaire.

Un jour qu'il regardait Ricard copier, d'une main superbe, l'*Antiope* du Corrége, le vieux monsieur eut un mouvement de haine.

« Canaille ! » dit-il.

Oui, amoureux de la *Joconde*, et, de fait,

en peignant sa main tremblait : un peu par
l'âge, un peu d'émotion. Ne riez pas, Lagouette! Devant son chevalet, il ne travaillait
pas toujours; le plus souvent, il contemplait
la merveilleuse femme, et les heures se passaient pour lui douces et charmantes. Il resta
une fois plus de trois mois sans paraître au
Louvre; il revint, mais affaibli, cassé, éteint,
et, ainsi, il se remit au travail, et chaque jour
il reprit des forces et de la mine. Il était heureux. Puis, un jour, il ne parut pas, ni le lendemain, ni de tout le mois, ni jamais depuis
lors. Les jeunes demoiselles du Louvre dirent
du vieux monsieur :

— Il est infidèle.

— Mort peut-être, non infidèle.

CHAPITRE III

GENS DE SAVOIR ET GENS D'ESPRIT

I

Conseil donné par M. Louis Viardot. — Petrus Borel.

— Je vous donne un régime à suivre, ô Lagouette! Vous irez au musée du Louvre tous
les mois, trois fois par an au musée du Luxembourg, et vous serez alors mieux en état, aux
expositions annuelles, de vous rendre compte
du « moment artistique », suivant la bonne

expression de M. Émile Zola. Un écrivain qui parle sensément des choses d'art, M. Louis Viardot, a écrit : « J'ai toujours pensé que nul homme n'arrivait, je ne dis pas à la connaissance, mais au sentiment des arts, sans une sorte de révélation que lui donne en certain moment de sa vie la rencontre d'un certain ouvrage d'élite, marqué pour lui comme d'une prédestination. » Allez donc à la recherche de cet ouvrage rare, qui est destiné à vous initier; n'épargnez ni vos pas ni vos heures; vous serez bien payé de vos peines. Vous voulez avoir la foi! Entrez dans l'église, écoutez les orgues, respirez l'encens, et, d'abord, agenouillez-vous.

Les banalités anecdotiques lui causaient quelque plaisir, et je tentai sans relâche de l'amener à cette opinion : « Quand on est profondément artiste, c'est assurément déroger que de peindre des cas privés de l'histoire; il faut parler une langue universelle. » (Petrus Borel..)

II.

Ce qui plaît au public.

En art, j'aime les audacieux, ceux-là qui se risquent : les bons nageurs piquent de la tête sans goûter l'eau.

Le public a d'autres sympathies : entre les gens d'Église, il veut qu'on lui montre le curé de Meudon ; parmi les souverains, le roi d'Yvetot ; le bourreau sensible de la *Jane Grey* de M. Paul Delaroche lui plaît ; l'attendrissant geôlier de Picciola est de son goût.

Vous, ô Lagouette ! rien ne vous charme ; cela me fâche. Et, sans doute, vous vous étonnez de me voir prendre tant de souci à ce sujet. D'autres ont tenté de vous rendre sensible aux beautés des choses d'art. Imaginez qu'un concours est ouvert pour médailler les plus habiles sauveteurs ; le jour de l'épreuve publique, un passant, moi, peut-être, se jette à l'eau et sauve l'homme, — vous-même, Lagouette.

Si, dans les dernières pages de ce livre léger, je parle gravement, ne vous en étonnez pas; c'est que je l'ai voulu ainsi :

> Le galant troubadour qui chante
> Sa sérénade au doux refrain,
> Aux jours de crise et de tourmente
> Fait vibrer sa corde d'airain ;
> Car il faut au luth des poëtes
> Une corde pour tous les tons;
> Doucement tintez, mes clochettes ;
> Sonnez la charge, mes clairons (1).

Ce qui plaît au public, on le lui donne ; le besoin d'être admiré est plus vif chez nos artistes que le désir d'être admirable.

M. Armand Sylvestre a écrit justement : « La production hâtive et marchande a envahi nos ateliers. »

Bien des artistes à succès ne sont que des bourgeois barbus. On est tenté de croire qu'il a été vraiment dit ce mot, que la légende prête à un peintre idéaliste très-fort en calcul :

(1) *Clochettes et Clairons.* (Gabriel Chapelon-Grasset.)

Chaque fois que je me fais la barbe, ça me coûte vingt francs.

Du plus habile parmi les malins peintres qui peignent pour l'exportation, on dit dans les ateliers : Il fait suer l'emballeur.

L'ambition du plus grand nombre est médiocre; ils semblent limiter leur désir à ce que l'on dise de l'un d'eux ce qu'il y a à dire de Mᵉ Lachaud, par exemple : Il est le premier de son métier.

A l'Art immortel, ils disent : Régales-tu?

III

Conseils pratiques.

Lagouette me dit :

— Est-il un point d'arrivée où l'on puisse juger d'une façon absolument certaine de la valeur artistique d'une œuvre?

— Non.

— Ah! Y a-t-il des peintres ou des statuaires de talent et de bonne foi ne rendant pas justice à des artistes de talent?

— Oui. Connaissez-vous ma théorie l'art de faire des chefs-d'œuvre?

— Non; mais j'ai lu vos livres, et je sais par là que vous avez jusqu'ici retardé la mise en pratique de votre théorie.

Et Lagouette prit un petit air satisfait.

Je lui dis :

— Laissez-vous aller à vos impressions. S'il vous vient des niaiseries à l'esprit, dites ces niaiseries-là, et non d'autres, que vous forgeriez péniblement; consentez à être ému. Parlez, sans croire que l'on vous écoute; c'est plus sage et montre quelque talent d'observation. Le mieux est de vous taire.

— Je me tairai donc; mais, s'il est ridicule de parler de ce qu'on ne sait pas, n'est-il point plus ridicule encore de donner son opinion par écrit?

— Peut-être bien, Lagouette. Un conseil : abonnez-vous à un journal d'art, et vous serez ainsi tenu au courant des expositions, des ventes. Prenez l'habitude de passer chaque semaine devant les vitrines des marchands de tableaux, après votre dîner; ce sera une bonne digestion assurée, une bonne digestion tous les huit jours.

— Vous n'êtes pas sérieux.

— Peut-être, Lagouette. Suivez l'avis que je vous donne, et vous augmenterez le nombre de vos jouissances; vous le voyez, je parle une langue à votre gré; si je vous avais dit : Agrandissez le cercle de vos connaissances, vous n'auriez pas été tenté.

— Enfin, vous n'avez pas d'autorité. Connaissez-vous bien mieux que moi la beauté en art?

— Je ne la connais pas beaucoup mieux, mais je l'aime bien davantage, et j'ai la prudence de m'appuyer sur l'autorité des maîtres. J'aime aussi à citer les auteurs nouveaux, les modestes petits auteurs; j'ai ainsi la joie de la découverte. J'aime à citer les auteurs vivants; quand la citation est heureuse et que l'auteur est mort, il y a plaisir pour le lecteur seulement; si l'auteur est vivant, il y a plaisir pour auteur et lecteur. Je m'efforce d'être cité

à mon tour ; le dédain que les artistes et les
écrivains montrent pour la critique n'est qu'ap-
parent ; ils disent : « Je ne lis pas les journaux ; j'ai su qu'on a parlé de moi dans tel
journal ; on me l'a dit, je ne l'ai pas lu. » Et
ils mentent. Ce qu'ils ne disent pas, je le dis :
j'aime à ce que l'on parle de mes écrits, en
bien, en mal, et je suis ravi, — je l'avoue. Je
ne résiste pas toujours au désir de me citer moi-
même ; je pense ainsi donner l'envie de connaître le livre auquel est fait l'emprunt, — je
l'avoue. Le peintre, le statuaire, disent : « Ce
que j'attends de ma statue, de mon tableau,
c'est un bon prix. » Ils mentent. Ce qu'ils at-
tendent, c'est la renommée, les médailles, la
croix, l'Institut. L'argent qu'ils toucheront
n'est que le petit payement. Ce qu'ils cher-
chent, c'est la gloire. La gloire ! J'avais douze
ans, peut-être moins, pas plus. C'était un soir
de semaine, à Belleville, pendant la fête. J'étais
avec plusieurs amis dans une grande baraque,
la plus belle. L'ours venait de renverser un fort
de la Halle et un artilleur. Belle lutte ! solide,
l'artilleur ! Voilà que j'ôte ma veste et que je

saute dans l'arène. J'étais bien mince et petit ;
on riait. Je ne riais pas, moi. J'attaque l'ours.
Il pose sur mes épaules ses larges pattes et il
pèse, — pas trop fort ; — bonne bête ! On disait : « Il est bon, le petit ! » Le maître de
l'ours dit un gros mot. L'ours se réveilla, et je
tombai le nez dans la poussière ; on me releva
à demi suffoqué ; mais les épaules n'avaient pas
touché ! Cela ne vous semble-t-il pas être le
duel de l'esprit et de la matière, le grand combat livré par l'artiste ?

IV

Les peintres Bouguereau et Baudry.

— Suis-je un sot si je dis que M. Bouguereau est un grand peintre ?

— Un sot, non ; un ignorant, oui.

— M. Bouguereau, l'auteur de ces sédui-
sants tableaux tant regardés au Salon ?

— Oui.

— M. Bouguereau, enfin !

— Il vend bien.

— Et M. Baudry ?

— Il peint bien. Heureux, ô Lagouette !
les artistes dont on peut dire avec raison ce
qui a été dit de John Flaxman, le graveur et
le statuaire anglais : Il s'est enrichi « inno-
cemment. »

V

Deux mots sincères d'un élève de Gérôme. — Ce que c'est
que bien dessiner. — Les bons livres d'art. — Un mot technique. — Définition du style.

Je savais Lagouette avide de formules, de
ces formules qui dispensent de savoir et qui,
produites habilement, font assez passablement
illusion ; je lui fis lire ces lignes : « Les bons
livres sur les arts ne sont pas les recueils d'ar-
rêts à la Laharpe, mais ceux qui, jetant la lumière sur les profondeurs du cœur humain,

mettent à ma portée des beautés que mon
âme est faite pour sentir, mais qui, faute
d'instruction, ne pouvaient traverser mon esprit (1). » Malgré tout, Lagouette m'interro-
geait :

— Et la grande question de la couleur et
de la ligne ?

— Ce n'est pas une question, c'est une
énigme. Un bon élève de M. Gérôme, lau-
réat de l'Ecole des beaux-arts, à qui il était
demandé : — Etes-vous coloriste ? a répondu :
— Je ne suis pas cabotin.

Le même jeune artiste, il est vrai, n'a pu
dormir de toute une nuit après avoir vu une
marine de Vollon. L'air vif venant de la
pleine mer l'avait grisé, a-t-il dit.

Vivement poussé par Lagouette, je lui dis :
—Je consens à vous renseigner à l'occasion
sur la technique artistique. Entendez cette
langue un peu, ne la parlez pas du tout.

Lagouette était épris d'une certaine façon de
dessiner, sans accent, académique. Je lui don-

· (1) *Histoire de la peinture en Italie*, par M. B. A. A.— P. Di-
dot aîné. M DCCC XVII.

nai pour bonne cette définition de M. Alexandre de Saint-Chéron: « On dessine bien quand
on montre par l'aspect d'une figure l'action
qu'elle remplit, le sentiment qui l'anime; par
celui d'un groupe, la diversité ou l'identité
d'actions et de sentiments de toutes les figures qui le composent. »

— Et vous aimez Eugène Delacroix ?

— Je l'aime.

— Et vous aimez Ingres ?

— Je le respecte.

Je signalai à Lagouette ces lignes précises
de M. Edmond About : Tableaux d'une ex-
cellente *localité* ; « c'est-à-dire que toutes
les parties qui les composent sont prises au
même endroit, éclairées de la même lumière,
sans disparate, sans heurt, sans rien qui
vienne rompre l'unité. »

Un jour, Lagouette me dit :

— Qu'entendez-vous par ceci : avoir du
style ?

Je répondis :

— C'est être dans un état innocent d'esprit.

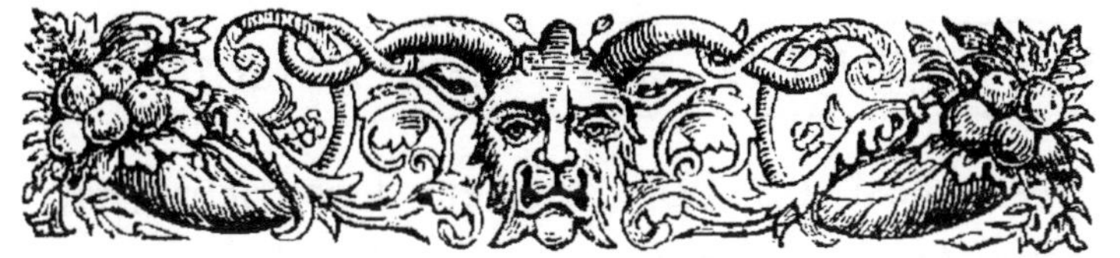

CHAPITRE IV

QUELQUES PERSONNES — QUELQUES IDÉES

I

L'art officiel.

Lagouette me dit :

— Qu'entendez-vous par l'art officiel ?

— C'est un art particulier, et qui a cela de singulier que ce n'est pas de l'art.

— Mais enfin ?

— C'est un bon métier. Les principaux servants de cet art sont des dignitaires, des personnages de marque; des artistes, non. Cette élite se compose des peintres gris, des peintres calmes, des peintres de la tradition, des peintres respectueux.

II

Le protecteur des artistes.

Winckelmann dit : « La décadence dans l'art s'est introduite sous Auguste, par l'envie qu'on avait de plaire à Mécène, qui aimait l'afféterie et la parure efféminées du style. »

M. Castagnary a résumé ainsi ce qui convient à l'artiste : « Publicité et liberté. »

Le protecteur des artistes est connu, presque célèbre, heureux. Il reçoit des lettres. Il a de la tenue, de bons gestes, une tête. Il porte bien l'habit. Ce n'est pas un mauvais homme.

A table, on porte un toste aux artistes français, et il répond. Il aime à parler à table; cela
le console de n'avoir plus toutes ses dents. On
le voit au théâtre, à l'hôtel Drouot, chez les
ministres, — moins dans les ateliers.

Tant pis. Tant mieux.

III

Les femmes artistes.

— Que pensez-vous des femmes artistes ?

— Qu'on s'entende. La véritable femme
artiste n'est que l'inspiratrice de l'homme;
l'homme alors, c'est le praticien : il modèle
l'argile, il manie la brosse; la femme l'inspire.
Que les femmes nous donnent plus de bons
peintres, — moins de mauvais tableaux !

IV

Des jeunes messieurs qui font de la peinture en amateur.

— Parmi vos notables jeunes amis, Lagouette, il en est qui font de la peinture, un peu de peinture ; ils peignent quelquefois. Il y a une façon décente de les louer. On dit : Il n'est pas maladroit. — Il a un certain goût. — Quand on pense qu'il n'a pas étudié la peinture ! — Quand on pense qu'il ne sait pas dessiner !

Oui, quand on pense à cela !

V

Des théories et systèmes.

Un vieil artiste m'a donné le moyen de devenir coloriste : Faites des grisailles, m'a-t-il dit, rien que des grisailles ; apprenez à vous passer de la palette, et quand vous aurez réussi, saisissez la palette ; tout vous sera aisé alors : vous aurez fait de la couleur avec du blanc et du noir ; vous ferez facilement de la couleur avec de la couleur.

C'était un bien pauvre coloriste, ce théoricien chaleureux !

Un jour, je dis à Lagouette :

— Liriez-vous une étude sérieuse et dans son entier développement dont voici le titre : *de l'Influence des beaux-arts sur la civilisation ?*

— Je ne la lirais pas.

VI

De la tenue à garder et de la conduite à tenir au Salon.

—Vous dédaignez les bonnes gens qui, au Salon, rient bruyamment, s'appellent les uns les autres à haute voix. Beau dédain ! Mais vous qui prenez un air pénétré et dites à demi-voix, de façon à être entendu cependant : Ah ! c'est un Corot ! — Voilà un Gérôme ! — Un Meissonier ! vous n'êtes pas moins plaisant. Devant d'autres tableaux, vous dites : — Ce n'est pas de la peinture. — Qu'en savez-vous ? Ou bien vous vous penchez sur une toile, vous vous absorbez dans la contemplation de l'œuvre, vous avez l'attitude de l'artiste étudiant les procédés d'un maître, et vous n'y entendez rien.

— Mais...

— Vous n'y entendez rien ! Ce n'est pas la peinture qui vous attire, c'est le sujet, c'est aussi la beauté parlante d'une femme nue ; et si vous vous laissez aller à admirer, froidement toujours, vous admirez misérablement la minutie du détail, le poil de l'homme et les crins du balai ; vous dites : « Il y a beaucoup de travail. » Retenez-vous de dire : « Tout y est, » quand rien n'y est. Ce qui est fini est une chose, ce qui est *lisse* en est une autre. Alors le principal manque, le ton juste, le mouvement vrai, et les muscles et les os, tout. « On admire les artistes qui font le sabot de la bête et pas le genou, » dit M. Rouillard, l'animalier.

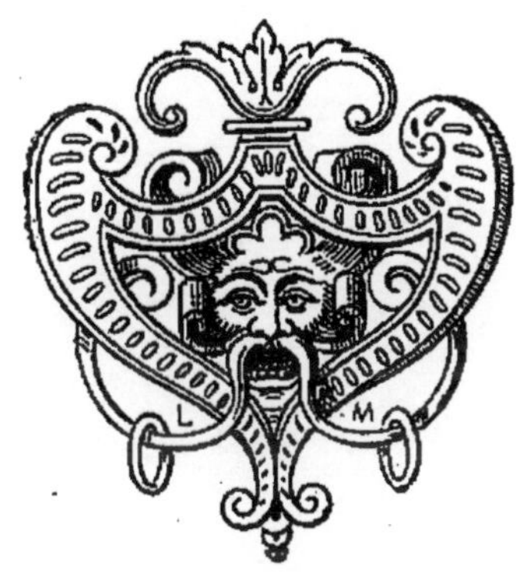

CHAPITRE V

DE LA CRITIQUE ET DES CRITIQUES — LETTRE
INÉDITE DE SAINTE-BEUVE

Un critique de l'an VIII. — M. Victor Schœlcher, critique
d'art. — M. Louis Leroy. — M. Charles Blanc. — M. le
marquis de Chennevières. — Mme Judith Mendès. —
M. Jules Claretie. — M. Olivier Merson. — M. Paul
Mantz. — M. Eugène Montrosier. — M. Paul de Saint-
Victor. — M. Théophile Sylvestre. — M. Castagnary —
M. Philippe Burty. — M. Théodore de Banville. — M. Albert
Wolff. — M. Clément de Ris.

— J'ai lu souvent et souvent j'ai entendu
ceci : Pour la critique spéciale il faut des
hommes spéciaux, et il n'y a qu'un peintre,
un statuaire, qui puisse, en connaissance de
cause, raisonner peinture ou sculpture.

— Est-ce vrai? est-ce juste? demanda Lagouette.

— Ce qu'un artiste de mérite pense d'un artiste de talent et de soi-même, voilà ce qui a du prix, ce qu'il serait utile de connaître. Cette opinion intime de François Millet sur Jules Breton, de Baudry sur Bonnat, de Meissonier sur Gérôme, d'Henner sur Carolus Duran, ce qu'ils en disent n'a pas de valeur. Pensez du bien des tableaux que les peintres achètent. Un jeune sculpteur pressait gaiement Carolus Duran : — Vous ne ferez pas d'élève; c'est votre tempérament de coloriste qui vous tient lieu de science. — Vraiment! Eh bien, j'écrirai un livre sur la peinture. — Nous attendons, mon maître.

Un critique d'art au mode plaisant, M. Louis Leroy, a fait un imprudent aveu. Il a dit : « Il y a vingt ans, il n'y avait que deux aquafortistes et demi; la demie, c'était moi! » Ce qui fait penser à plusieurs personnes que la moitié d'un graveur suffit à faire un critique complet.

Voilà M. Charles Blanc rendu à la critique.

Depuis que M. le marquis de Chennevières a succédé à M. Charles Blanc dans le poste de directeur des Beaux-Arts, plusieurs journalistes et quelques artistes ont fait cette découverte que M. Charles Blanc n'est pas un dieu, et que M. de Chennevières est plus qu'un homme. M. Castagnary médaille les bons républicains; il aime aussi la bonne peinture. M. Théophile Sylvestre est violent; au moins ce ne sont pas là les violences d'un sot. M. Jules Claretie, beau diseur d'anecdotes, est bien mieux qu'un anecdotier. Mme Judith Mendès est fille de poëte.

M. Olivier Merson est le père d'un jeune peintre prix de Rome médaillé par le jury des récompenses, ce qui est fait pour rendre M. Olivier Merson d'humeur conciliante. M. Albert Wolff est dur et sec, il juge les artistes français en homme qui n'est Français que depuis tout à l'heure. M. Paul de Saint-Victor, lui, à l'époque du Salon, il expose. M. Théodore de Banville est un imagier fameux. M. Clément de Ris a écrit : « Pour juger les œuvres d'imagination, le bon sens, l'esprit,

la raison, ne sont pas suffisants; il faut deux
autres qualités : le sentiment et l'imagination
elle-même(1). » M. Clément de Ris est sensible
et d'esprit inventif. M. Paul Mantz est un spé-
cialiste; il traite des questions d'art tout le
temps du Salon, de tous les Salons, toute l'année, toute sa vie. Il sait. M. Eugène Montrosier est accessible à la beauté morale des choses;
à la belle forme il demande une valeur com-
plémentaire, l'idée. M. Philippe Burty s'est
fait une spécialité productive : la rédaction des
catalogues d'art(2). Dans les ateliers, la critique

(1) J'extrais ces lignes d'une lettre de M. le comte Clément de Ris : « Ce que je pensais il y a quelque vingt-cinq
ans, je le pense encore; mais, si j'avais de nouveau à formu-
ler ma pensée, je renverserais la phrase que vous voulez bien
citer de mci. En un mot, je crois que, pour bien juger les
œuvres d'imagination, il faut un bon jugement et de la bienveillance. »

(2) M. Burty m'écrit : « Je ne m'attendais pas qu'un trait
aussi injuste partirait d'un livre aussi délicat que l'est le
vôtre. » C'était ma façon d'exprimer un regret. Il est juste
qu'un bon payement soit le prix d'un bon travail ; mais je
n'ai jamais vu sans ennui un écrivain indépendant accepter
cette besogne stérile, la rédaction des catalogues d'art : le
blâme y est plus que mesuré, la louange n'y est pas discrète.

Je le pense, je l'ai dit ; mais je n'ai rien voulu dire de plus a un ton particulier. De la peinture de M. Paul Flandrin, on dit : Ce n'est pas aveuglant.

La critique n'a pas qu'une note. Je fais pour vous un emprunt à l'*Observateur au Muséum, ou la Critique des tableaux en vaudeville, an VIII :*

« Lefèvre (Robert), élève du citoyen Regnault, n° 247. Portrait d'un amateur :

Air : *Non, vous n'avez pas la parole.*

Ce portrait fait autant d'honneur
A l'artiste qu'à son modèle;
L'enthousiasme créateur
De l'un et l'autre s'y décèle.
Pour moi, je crois que l'amateur
Des arts a fréquenté l'école,
Et que si l'artiste eût voulu,
Sans se gêner il aurait pu
Donner au portrait (*bis*) la parole. »

au sujet d'un homme de talent qui est un galant homme, M. Philippe Burty.

M. Burty me dit avoir renoncé à cette « spécialité » ; je l'en félicite.

Un républicain, M. Victor Schœlcher, parle en ces termes modérés, en 1830, du modeste tableau d'un inconnu :

« La vue de Loches a du mérite. Elle est bien entendue de composition et d'effet général; mais l'exécution, dépourvue de vigueur, décèle dans l'auteur une timidité contre laquelle de nouveaux efforts l'apprendront à se prémunir. »

D'autres écrivains ont le ton plus âpre; mais voici un jugement de critique à critique bien fait pour donner quelque consolation aux justiciables des porteurs de férule, une lettre inédite de Sainte-Beuve :

Ce 7 décembre 1860.

Cher monsieur,

Je vous remercie de toutes ces démarches dans l'intérêt de nos volumes.

Je regrette M. Prévost-Paradol comme homme d'esprit; M. Cuvillier-Fleury, à mes yeux, ne l'est guère. Ne faites, je vous en prie, aucune démarche pour le tâter. Le même empressement qui lui a fait jeter les hauts cris et arracher le livre des mains de son confrère lui fera faire l'article. Quant à moi, je ne le crains ni ne le désire. M. Cuvillier-Fleury est depuis vingt-cinq ans entre le *zist* et le *zest*, sans avoir jamais pu se décider. Comme il désire être de l'Académie, il flatte de temps en temps et il gratte; comme il est par nature pédant et désagréable, il se remet ensuite à chicaner. Il a non pas une, non pas deux, mais par trois fois au moins, manqué à mon égard de *tact* et de convenance. C'est un maladroit, — je dirai mieux, un *animal*, en bon français. — Quoi qu'il dise et fasse, je ne le remercierai pas. Ainsi, laissons-le faire, et ne vous en souciez pas. Il a fait, comme on dit, plein ma tasse; un peu plus ou un peu moins de sucre n'y fera rien.

Pardon de ce détail.

Croyez-moi, cher monsieur, tout à vous.

SAINTE-BEUVE.

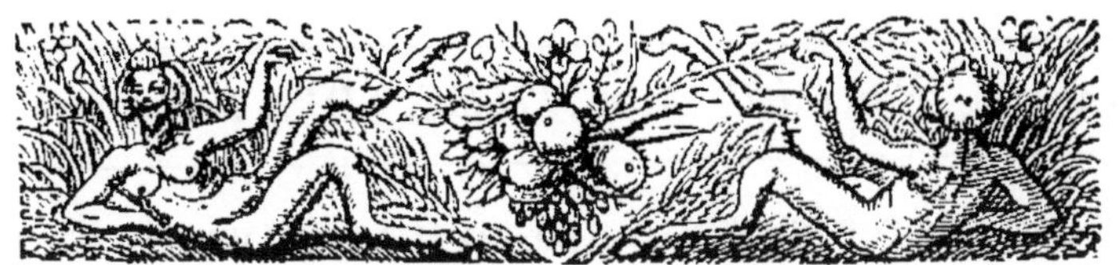

CHAPITRE VI

DE LA VANITÉ DES ARTISTES — DE NOTRE
VANITÉ A TOUS

La vanité de l'artiste est le résultat de l'attitude du public. Pourquoi tant citer les noms des artistes ? Dans les meilleurs, les mieux rédigés de nos journaux, la *République française* entre autres, on ne signe pas. Qu'il en soit de même en art. Ce qui est important, c'est que l'art en France ait une signification propre, grâce au talent des artistes français.

5.

Alors, après la production d'une œuvre de haut mérite, l'orgueil national serait satisfait, non la vanité de l'artiste : on aurait ainsi du génie par patriotisme.

Je fus toujours glorieux. A seize ans, j'étais encore un petit être maigriot, un enfant de pauvre mine. Que longtemps on m'a dit : « Mon petit ! » puis, bien après : « Mon ami ! » et, enfin : « Monsieur ! » Le premier qui m'a dit : « Monsieur, » est un marchand de galette du boulevard Saint-Denis. La bonne galette ! le brave homme !

Un bon peintre qui est mon ami me présente un jour à une belle jeune femme.

— Mon ami, dit-il ; il écrit un peu.

Un peu... Ah ! cruel ami !

— Un jour, ô Lagouette ! j'ai provoqué cette admiration dont les artistes sont si fiers. J'entre chez ce bon peintre qui est mon ami, — mon ami, hum ! — cet ami m'attendait ; un monsieur très-bien était là, — très-bien dans le grave. A mon entrée, je remarquai que le salut de ce monsieur était déférent. Je reportai à mes modestes écrits la bienveillance sensible de cet accueil, — je l'avoue. On causa. Ce monsieur amena la conversation non sur la littérature, mais sur l'art, sur la sculpture spécialement. Il tint à avoir mon avis sur le *Chanteur florentin* de M. Paul Dubois, sur les *Danseuses* bien en chair de M. Carpeaux. Il insistait. Il voulut savoir comment on taille la pierre et le marbre. J'entrai dans des détails de pratique. Visiblement intéressé, il m'écoutait et me regardait. Étonné, je regardai mon ami ; il était impassible.

Puis ce monsieur grave me dit :

— Bien avant de vous connaître, j'avais pu apprécier vos œuvres...

— Monsieur...

— Je ne m'attendais point à être présenté à un artiste si...

— Mais je ne suis pas artiste !

— Vous êtes modeste. Je l'ai su par votre ami... les petits cochons, les jolis cochons de saindoux... chez Vero-Dodat... votre ami me l'a dit.

Que répondre ? J'avouai....

Je n'ai jamais depuis été admiré.

II

Des conférences d'art faites par des artistes.

— J'aimerais à entendre au musée du Louvre, le dimanche, des artistes parler sur leurs maîtres préférés : Ribot, des peintres espagnols devant l'*Ensevelissement* de Ribera ; Baudry louerait le Corrége en face de l'*Antiope;* Chaplin parlerait de Watteau et de Boucher.

— Et Courbet ?

— Courbet parlerait de lui-même.

— Et Cabanel ?

— Il ne parlerait pas.

Cherchant à préciser le ton à prendre en cette occurrence et amené à apprécier les plus habiles en l'art de parler sur d'autres sujets, je notai ces croquis :

M. JULES FAVRE

M. Jules Favre prend des temps pour l'attaque, jamais pour la riposte. C'est un véritable orateur, quoiqu’il soit atteint d’un léger hoquet sans avoir jamais ri. Il parle avec art et n’a fait peut-être qu’un seul faible discours académique, son discours d’académicien.

M. ÉDOUARD LABOULAYE

Si M. Laboulaye parle, il y a plaisir pour tout le monde : pour celui qui écoute, pour celui qui parle. Alors qu’il commence, M. Laboulaye a aux lèvres le sourire d’un homme qui sait qu’il sera spirituel tout à l’heure. M. Laboulaye a écrit un conte philosophique, ce qui est une délicate façon de louer Voltaire. *Candide* est un chef-d’œuvre.

M. JULES SIMON

M. Jules Simon sait se faire applaudir, quoi qu’il dise, et mérite aussi souvent d’être applaudi pour ce qu’il dit.

III

Des raccourcis et du coloris.

— Liriez-vous, **Lagouette**, un travail très-complet sur l'*ostracisme des artistes?*

— Je ne le lirais pas.

Un autre jour, je lui dis :

— Aimez-vous la danse, Lagouette ?

— J'aime les danseuses.

— Très-bien. Êtes-vous nageur ?

— Je crains l'eau froide.

— Allez cependant à l'école de natation, **vous** y prendrez une idée du coloris ; allez aussi à l'Opéra, non pour le coloris, mais afin de reconnaître si les raccourcis que vous jugez singuliers sont rendus avec vérité. C'est là un conseil que donne aux ignorants un homme de savoir à qui je l'emprunte après l'avoir suivi.

IV

L'École des beaux-arts.

Th. Thoré a dressé la liste des artistes qui
ont été à Rome et en ont tiré quelque avantage ; la liste est courte. Th. Thoré dit :
« N'envoyez pas nos jeunes artistes à Rome ;
envoyez-les à Anvers. » Je dis : Que nos jeunes artistes soient les compagnons du tour du
monde, et surtout qu'ils n'emportent point
d'habit dans leur malle. Notre consul sera
pour l'artiste nomade le représentant de la
France. A l'*École des beaux-arts*, on apprend
l'italien, on désapprend le français. A l'*École*,
on enseigne le grec aux architectes et aux
sculpteurs, aux peintres l'italien. Rome est
pernicieuse. Le ciel y est trop beau, les femmes
sont trop belles : l'artiste est arraché de l'atelier.

Fuyez Rome.

V

Des mots « artiste célèbre, artiste illustre. »

— Est-il vrai que si l'on peut être un artiste célèbre dans le paysage, on ne peut être un artiste illustre que dans la figure?

— Ce n'est pas vrai, Lagouette.

— Quel est le sens précis de « grand art » ?

— Art dit tout ; grand art ne dit rien.

VI

Des moyens d'appeler l'inspiration.

Lagouette me dit :

— J'entends dire qu'il y a pour l'artiste des moyens factices d'appeler l'inspiration.

— Voici ce que je crois, Lagouette, mais, je vous le signale, un fervent chrétien assure que : inspiration, est un mot païen ; dites donc la grâce.

— La grâce, soit.

— Je ne crois pas que l'artiste puisse obtenir par des moyens factices autre chose que des résultats factices. Ce que je sais, c'est qu'il est possible de s'entraîner noblement. Que l'artiste prenne ses pinceaux en quittant la femme aimée. Toute émotion vive produit une commotion qui peut être utilisée dans le sens de l'impression ressentie. Un jour, j'avais donné cent sous à un pauvre homme ; je rentre et j'écris une bonne page. Qui connaît la raison première d'une œuvre ? Lorsque Tassaert a jeté l'esquisse de l'*Agonie,* qui est au musée du Luxembourg, peut-être venait-il de voir écraser un chien.

VII

De la fantaisie.

— Je n'en médis point ; j'aime la raison ; la fantaisie est le lit où je découche. Rien de plat comme la fantaisie moyenne. Le sens commun est une chose ; la fantaisie, une autre ; la sotte invention, qu'une fantaisie au mode tempéré ! Alors, on voit des coquins qui ne méritent la corde qu'à demi et des coquines sincères par instants. Si l'on m'annonce un invincible sacripant, ce n'est pas faire assez que de le montrer s'escrimant un contre quatre. Qu'un géant apparaisse, je veux que son front se perde dans les nuages. Autrement, pas de fantaisie ; la raison, la raison sévère ! Que d'un point de départ précis sorte une action nettement exposée ; et que, par une déduction rigoureuse, le seul dénouement possible complète l'œuvre. L'auteur de ces vers, dits à l'Odéon à l'anniversaire de la naissance de Molière, n'aimait pas la fantaisie sans doute :

Que des grands citoyens l'immanquable influence
Sur leurs pas au théâtre entraîne l'affluence.

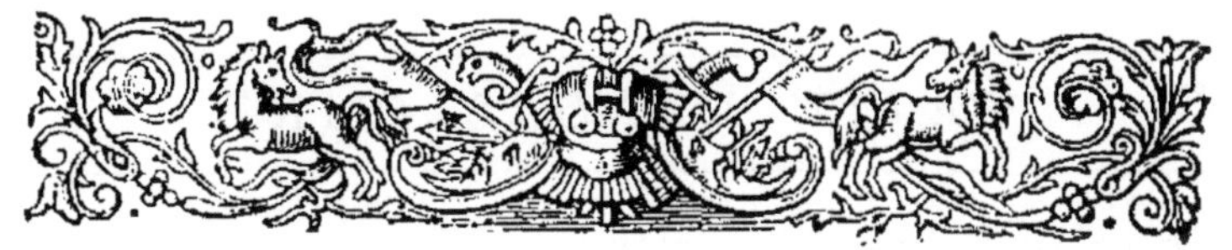

CHAPITRE VII

L'ART D'AVOIR UN BON PORTRAIT

Je dis à Lagouette : — Chose difficile, le choix du peintre. M. Gounod a choisi M. Dubufe ; M. Alexandre Dumas a choisi M. Dubufe aussi. Pour votre père, votre mère, Gaillard, le peintre exact, vous convient ; Henner a un genre de talent qui le rend propre à peindre votre sœur ; Baudry, votre femme ; Carolus Duran, votre maîtresse. Je vous recommande Chaplin pour les petits enfants ; il leur donne des petites mines colères d'une absolue vérité.

6.

Chaplin a écouté parler les mères : — Le mien n'est pas bon ! — Le mien est bien plus méchant ! Dans l'art contemporain, la spécialité domine : Chenu réussit la neige ; Moullion, les blés. A l'un, le chien ; à l'autre, le cheval. Descendons : j'en connais un qui s'est fait une spécialité, la brioche. Le choix fait, laissez au peintre toute liberté ; il aura à décider de la pose convenable, de la couleur de la robe. S'il veut une fleur dans les cheveux, il a ses raisons pour cela et n'est pas tenu de vous les dire. N'invitez personne à venir à l'heure de la pose ; n'insistez pas pour prendre séance chez vous : l'atelier est mieux disposé au gré du peintre. Pendant le travail, faites grâce à l'artiste de vos conseils ; réservez votre opinion : le blâme est sans autorité ; les louanges n'ont pas de prix. Ne faites pas au peintre cette condition de mettre le portrait au Salon, ce qui pourrait le mettre dans l'embarras ; il peut avoir pour n'en rien faire des motifs sérieux, des motifs difficiles à exposer sans toucher à la vanité du modèle. Nous devrions ne faire peindre que les gens les moins laids d'entre nous, et la génération suivante prendrait bonne opinion de nos personnes médiocres : on nous jugerait sur ces spécimens agréables. Nous y gagnerions en considération. Vous êtes de petite taille, Lagouette ; ce ne serait rien si l'on montrait moins et si l'on utilisait mieux nos petits hommes ; c'est ainsi que j'en ferais des cavaliers : le cheval rend les petits hommes imposants. Je dispenserais des marches forcées les petites jambes. Tout un système de philosophie tient en ces derniers mots.

— Peut-être bien.

— Quand le bourgeois, engraissé, vieilli, ne ressemble plus à son portrait, il a des regrets ; un peu plus, et il voudrait que son portrait fût « tenu à jour », ainsi qu'une biographie. Alors l'artiste ajouterait chaque année une ride, ferait une éclaircie dans les cheveux ; faute de quoi on a un rival en son portrait de l'homme d'autrefois ; on vous oppose ainsi à vous-même : « Vous êtes aujourd'hui plus rouge et plus gras. » Que le bourgeois aisé y songe avant de se faire peindre, qu'il y songe longuement. Mais s'il se décide, qu'il chasse les pensées basses pendant l'heure de pose ; qu'il ne se laisse point aller à un demi-sommeil ; qu'il tienne la pose comme un modèle d'atelier, mieux, sinon rien de bien fait. Aux peintres je donne ce conseil : Si le modèle est apathique, qu'une femme fasse entendre d'une pièce voisine de l'atelier le bruit particulier et charmant du froissement d'une robe de soie ; cela donnera de la physionomie à la femme qui pose. Si le modèle est un homme, le moyen réussira aussi. Un enfant pose-t-il ? à l'instant où il fait sa moue, un coup de sonnette, et le joli modèle est retrouvé. Que l'épreuve en soit faite. Si le peintre ne tient pas un compte bien exact de la forme du vêtement à la mode, c'est qu'il sait que les variations radicales dans la mode donnent une date au portrait. A son aise. Si le portrait est mauvais, c'est bien plus la faute du modèle que le tort du peintre. Le modèle a mal choisi le peintre ou, ayant bien choisi, n'a pas laissé toute liberté à l'artiste. Le modèle a le devoir d'être obéissant.

— Je n'ai à faire peindre ni père, ni mère,

ni enfant, ni maîtresse. Je voudrais avoir mon portrait.

— Ah !

— Un de mes amis s'est fait peindre en pied.

— En pied ! Est-il donc évêque ou magistrat ?

— Il est banquier.

— Eh bien ! Lagouette, votre ami donne à rire. Tenez-vous à montrer vos pieds ? Non, n'est-ce pas ? Quant aux genoux, quel intérêt avez-vous à montrer vos genoux ? Aucun. Restent les mains ; je vous conseille de poser les mains dans les poches : c'est une pose qui convient à un homme sérieux qui a de l'argent en poches et les mains un peu lourdes. Et puis, souffrez que l'on vous fasse ressemblant.

— Comment, souffrez !

— Je plaisante. Mais regardez-moi bien, levez les yeux. C'est cela... Ne vous faites pas peindre, Lagouette !

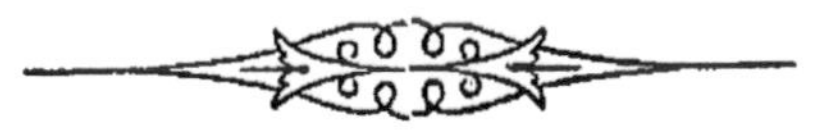

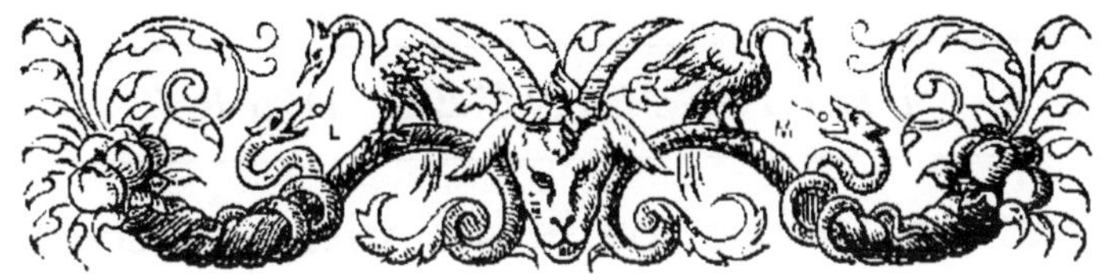

CHAPITRE VIII

L'ART D'ACHETER DE BONS TABLEAUX

I

— Achetez au marchand, non à l'artiste; vous
êtes plus à l'aise avec le marchand : on se sent
moins porté au respect. Si le peintre vend à un
« amateur », le plus souvent celui-ci se lasse
du tableau acheté; ses amis lui ont dit: « Ce
n'est pas fort, » ou bien : « C'est peut-être fort,
mais je n'aime pas ça. » Il répète à l'artiste ce
qui a été dit; l'artiste offre de reprendre le ta-

bleau; on refuse, on se fait prier, on accepte. Achetez au marchand : le paysan vend aux bourgeois les fruits véreux et les fruits verts ; le peintre vend aux bourgeois le tableau que le marchand a dédaigné. Autre conseil : j'ai vu de près l'officine où l'on enfume savamment les mauvais tableaux nouveaux ; je vous le dis, ô Lagouette ! n'achetez jamais de tableaux anciens. Un grand nombre de vieux tableaux sont noirs et durs, avant d'être couverts de repeints, et sans valeur après. C'est alors qu'on entend dire des choses comme celle-ci : « Vous voyez ce Murillo ; eh bien ! il a été *sauvé* par M. Pierre — ou Jean. » Le truqueur est un filou qui sait peindre ; il compte sur les ignorants, il ment admirablement. Il éraille la toile, noircit le châssis, rancit le vernis excellemment. Je le dis, graver de faux billets de banque est à côté de cela une innocente besogne. Les truqueurs sont hautement méprisés par le marchand. Les marchands absolument purs, ce sont les vierges du corps de ballet. « Le point capital pour le marchand, c'est que le fabricant l'aide à tromper l'acheteur, qu'il entre dans les petites fraudes, qu'il ne recule pas devant les grandes. J'ai entendu des fabricants gémir des choses que l'on exigeait d'eux contre l'honneur ; il leur fallait ou perdre leur état ou devenir complices des tromperies les plus audacieuses. Ce n'est plus assez d'altérer les qualités, il leur faut quelquefois devenir faussaires, prendre les marques des fabriques en renom. » (J. MICHELET.) Il y a un certain nombre de petites choses ignorées de vos savants jeunes amis, ô Lagouette! Dites-leur de placer les tableaux de préférence sur un papier de ton gris, ou blanc, ou neutre ; pas de papiers à ramage. Achetez des tableaux plutôt que des glaces, ces glaces perfides qui, agrandissant l'appartement, font paraître le locataire plus petit, renvoient son image d'un mur à l'autre mur, le montrent de dos, de profil, de face. Placez vos tableaux de façon que la lumière les frappe du côté où le peintre les a éclairés, et inclinez-les suivant la hauteur où ils sont placés, afin qu'ils se présentent en perspective. Achetez les toiles bien venues des inconnus ;

cherchez là quelques-unes des qualités qui vous frappent dans les tableaux des maîtres. Au moins, si ce tableau est signé Dubois ou Dupuis, il est bien de Dubois ou Dupuis : qui songerait à imiter les petits ? Bien des gredins qui ont de la patte vivent, et vivent bien, en faisant de faux Corot. Diaz a passé plus d'une fois le bout de sa jambe de bois dans de faux Diaz d'un assez joli ton. Les maîtres ne signent pas toujours, mais tous les faux tableaux de maîtres sont signés. Ne demandez plus le tableau d'un bon peintre, mais le bon tableau ; cherchez, et vous ferez des trouvailles. Si votre choix librement fait précède la mise en lumière d'un artiste nouveau, quel orgueil pour vous ! Quand vous achetez une toile sans grande signification d'un artiste de premier rang, vous payez en raison du succès éclatant, mérité, d'une autre toile, celle qui a classé haut le peintre. Mais cette plus-value commerciale a aussi un effet sur le prix des premiers et timides tableaux signés de ce même nom. En achetant le tableau d'un petit maître, que l'œuvre soit médiocre, bien léger est le sacrifice fait. Les petits maîtres ont moins d'effet, d'éclat ; ont-ils moins de charme ? Ces artistes en évolution sont sincères, un peu timides, attentifs, scrupuleux. Ils ont tout le loisir convenable pour mener à fin l'œuvre entreprise ; leur atelier est une solitude non troublée ; ils sont naturels, étant si peu admirés ; ils ne négligent rien, et leur œuvre bénéficie de l'inquiétude qu'un insuccès possible laisse dans l'esprit. Allez à la recherche des inconnus de talent ; le nom du peintre n'ayant plus à vous renseigner, vous aurez à distinguer par vous-même ce qui est juste, bien observé, bien rendu. Faites la partie belle aux gens sans nom ; le succès leur a manqué jusqu'ici : que ce soit pour vous une bonne première recommandation ; je n'ai pas à vous prémunir contre l'entraînement ! Ne vous laissez pas aller à une première fâcheuse impression ; désirez que cet inconnu ait du talent. L'art d'acheter de bons tableaux, le voici : rendez-vous au plus tôt à la vérité de cette affirmation : Vous êtes responsable de la médiocrité de la toile, de la nullité du bronze en votre possession.

Arrivez à reconnaître qu'accrocher chez soi un tableau c'est le contre-signer ; alors, vous prendrez intérêt à bien choisir. Vous serez près d'être initié à l'art difficile de découvrir les bons tableaux le jour où, en achetant une toile, vous serez aussi sérieux qu'en achetant de la rente.

II

Un nom de peintre m'arréte :

METTLING

Il cherche le ton rare, la note personnelle, le fin dans le fin. Épris des coloristes, il va à la découverte ; par tous les bons chemins, il va. Ses toiles ont un séduisant négligé ; il y a du dénoué dans les rubans, du dérangé dans les collerettes. C'est la peinture d'un peintre blond qui a des nerfs ; ses premiers jets ravissent les délicats : c'est une esquisse et c'est un tableau. Encore quelques touches, et la fleur de couleur se ternirait. Les peintres l'achètent. Tout ce qui s'occupe d'art à Paris a vu l'*Enfant aux cheveux roux* et les *Crieurs*. Mettling a une manière à lui, faite de naïveté et de malice, il a la haute ambition d'étonner par la grâce.

un tableau. Encore quelques touches, et la
fleur de couleur se terminait. Les peintres
l'école... l'horse qui s'occupe était à Paris
a vu l'Hyphère aux cheveux roux et les
Crloers Mottling a une manière à lui faire
de naturel et de malice, il a la bouche entr-
...tion d'ügant par la pince.

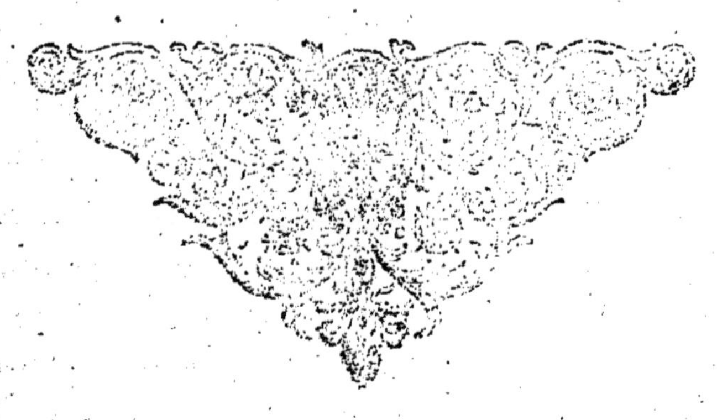

CHAPITRE IX

LE MARCHAND DE TABLEAUX

Le marchand de tableaux est un marchand. Quelques marchands de tableaux sont connus ; un marchand est célèbre ; c'est de lui que l'on dit : «Il a inventé Manet. » Le marchand est-il un connaisseur en art ? « Non, » dit-on. Le marchand s'en console en disant, lui : « C'est un mauvais bruit qui vient des mauvais peintres. » Le marchand connaît l'acheteur, il le distingue du curieux ; c'est un art, cela. Il connaît les meilleurs hameçons, les bons ap-

·pâts. En art, il n'a point de préférence. Il place.

Un marchand, un des plus puissants, a joué autrefois, à l'Odéon, dans *l'Honneur et l'Argent*, le rôle du créancier, celui-là qui, sollicité par un honnête jeune homme pauvre, lui fait un sombre tableau des ennuis qu'amène la richesse :

Ne bâtissez jamais.

Il avait une si parfaite façon de dire ces trois mots, que ce fut une révélation: il trouva un commanditaire.

Parmi ces fins renards, un loup affamé. Un marchand va trouver un bon peintre et lui dit : « J'ai acheteur pour un tableau de cette dimension; je vous apporte le panneau. » L'artiste livre bientôt le tableau, après l'avoir signé. Le marchand dit à l'artiste : « On nous soupçonne bien légère· ment; veuillez, cher maître, attester derrière le tableau que l'œuvre est bien de votre main. » L'artiste atteste. A peu de temps de là, il voit des *Paysans* signés de son nom, accrochés chez un bourgeois riche. « Ce n'est pas de moi, dit-il, c'est une copie. — Mais cette attestation ?... »

Le marchand avait scié le panneau dans l'épaisseur, fait copier l'œuvre du maître sur la moitié du panneau et vendu la copie pour un original. Le vieil artiste dit au bourgeois atterré : « Je vous donnerai un tableau ; c'est moi qui aurai été volé. »

Le marchand condamne en peu de mots : « Ce n'est pas de vente. » Généralement il a quelque esprit ; l'esprit est un bon ingrédient. *Il laisse parler la toile.* Il place le tableau au bon jour, et il attend ; il attend qu'on l'interroge ; *il répond à la deuxième question ;* il semble absorbé, en contemplation ; son émotion se montre. Je connais un marchand qui ne rit jamais dans sa boutique : il y a des Gérôme accrochés au mur. Et quand c'est un Gérôme qui est en vente, ce marchand semble oppressé. Il ne dit pas le prix tout de suite, le dit tout bas, paraît honteux de demander une si petite somme, semble craindre de faire affront à Gérôme. A cela se mêle un regret personnel : « Quel tableau... s'en défaire... ne plus le voir... son meilleur... » Et il soupire : c'est pour avoir mille francs de plus.

Un marchand montrait un Théodore Rousseau à un acheteur; cet acheteur avait un ami qui fumait : « Ah! ne crachez pas, » dit le marchand.

J'ai vu opérer un autre marchand; l'acheteur demandait un Corot; on met un Corot au chevalet; le marchand, distrait et froid, attend. L'acheteur dit : « Il est beau; combien? » Et le marchand, à demi-voix, répète simplement : « Oui, il est beau, il vaut tant. » Rien de plus. D'autres marchands, j'entends ceux qui vendent des étoffes ou des porcelaines, dirait : « Il vaut plus que cela. » Lui, il ne le dit pas, entendez-vous, gens de boutique, impudents, ignares, qui faites l'article en voix de fausset pour quatre pièces de cent sols !

Le marchand de tableaux ne dit rien, mais combien ses manœuvres savantes l'emportent sur vos discours serviles, serviles et maladroits, entendez-vous !

Le beau tableau est caché. Si on veut le voir, que l'on parle ; qu'il n'y ait pas qu'à lever les yeux et à regarder ; qu'il y ait un lever de rideau.

Un bon peintre inconnu vendait des esquisses superbes à un marchand pour un perroquet empaillé, une assiette de Rouen ; le petit marchand vendait les esquisses, les vendait bien. Un jour vint où le peintre demanda cent francs d'une *nature morte*, — cent francs, ah ! — Ce jour-là, le marchand me dit : C'est un ingrat.

J'ai là, devant moi, de ce marchand martyr, un portrait ressemblant avec un nimbe du plus bel ocre.

Un marchand de haut renom montrait une Vierge d'Hébert, une Vierge à vendre. — Je n'ai pas la foi, dit-il ; mais quand je vois cette vierge, j'ai envie de me mettre à genoux.

Un prie-Dieu était là tout près ; *il n'y était pas par hasard.*

Ce n'est pas Rousseau le maître, ni Gérôme, ni Corot, ni Hébert ; le maître, c'est le marchand.

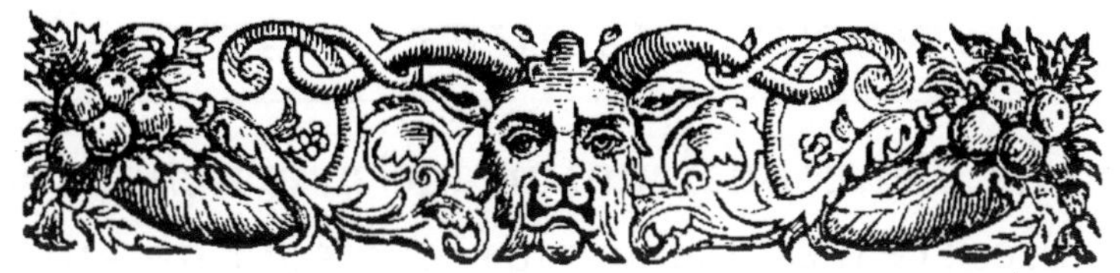

CHAPITRE X

L'EXPERT

1

J'ai fait une remarque : les experts sont presque tous myopes.

Le plus souvent, les experts sont des peintres qui ont renoncé à la peinture ; pourquoi ?

Être expert, est-ce un art ? est-ce un métier ? C'est un métier artistique.

L'expert est tantôt sceptique, tantôt croyant. Il a la foi ou il doute, soit que les tableaux se présentent avec son appui ou sans son concours. J'en connais un, un ancien marchand de cadres : ce n'est pas le plus ignorant ; un autre a beaucoup voyagé, pour les tissus, dit-on.

Il est bien certain que plusieurs experts ont des connaissances en peinture ; je les estime fort ceux-là ; je dois taire leur nom et me priver ainsi de rendre justice à quelques hommes instruits : ce serait désigner clairement les ignorants.

De l'un des trois experts le plus en vue, j'ai voulu connaître le degré de science ; j'eus le renseignement demandé. « Il connaît bien les Troyon, » me dit-on. L'expert, c'est le savant ; ce qu'il sait, c'est que celui-ci signe à gauche, celui-là à droite, ceux-là pas du tout ; ce qu'il sait moins, c'est si le tableau est bon.

Il sait aussi que celui-ci fait d'ordinaire les figures des paysages de celui-là ; il y a des figures de celui-ci, ce peut donc être un paysage de celui-là ; mais si celui-ci a fait aussi les figures des paysages de ceux-ci et de ceux-là, c'est alors que la science de l'expert devient insuffisante. Comment le prendre en défaut ? Consulté sur la possibilité d'attribuer un tableau à tel ou tel maître, il répond vaguement : Ce n'est pas impossible... J'incline à croire... Il connaît le passé et prédit l'avenir. Une somnambule, dès le troisième mois de grossesse, annonce le sexe de l'enfant ; au cas où elle devine juste, elle a vingt francs le jour de l'accouchement ; sinon, rien. Elle ne se trompe guère plus qu'une fois sur deux ; une fois sur deux elle touche donc vingt francs ; cela lui rapporte dix francs par mère crédule.

Tous les experts ne sont pas marchands ; tous les marchands sont experts.

II

Le commissaire-priseur.

Il est des commissaires-priseurs qui ont la spécialité des choses d'art. On les loue ainsi : — Il a de l'initiative. — Ça monte quand il veut faire monter. — C'est un malin. — Ça lui a rapporté tant.

Ce qui le fait considérer.

III

L'encadreur.

L'encadreur est un personnage; on ne le consulte pas, et il donne son avis. Il a des aperçus savants : — Par un doré brillant, je relève les gris, j'éteins les verts et je fais fuir le fond.

On lui parle avec politesse. Peut-être a-t-il livré le cadre à crédit. Il a des choses à conter : le prix du cadre de la *Smala* d'Horace Vernet, il le connaît. L'encadreur a de l'orgueil. Une fois le tableau encadré, il dit : — Comme il a gagné! — On ne le reconnaît plus.

Il dit cela devant l'artiste.

CHAPITRE XI

LE CHANTEUR LASSALLE. — DISSERTATION SUR
LA PEINTURE PAR UN PEINTRE SINCÈRE.

Nous sortions de l'Opéra. Le baryton Lassalle avait chanté Guillaume Tell. En marchant, quelqu'un dit :

— C'est là le grand art : ramener tout au simple, indiquer les grandes lignes avec fermeté, sobriété, laisser à leur plan les menus détails, ne pas *haranguer le parterre*, tenir un compte sévère de la valeur comparée des parties diverses de l'œuvre, considérer l'ensemble comme un fond neutre duquel se projettent en saillie les parties brillantes, et arriver ainsi, par un laconisme savant, à un effet unique rendu grandement, noblement, c'est la belle visée de l'artiste.

Un musicien dit en accentuant les mots :

— Lassalle est un artiste.

Puis on mangea un jeune coq de mon poulailler. Un peintre parla librement des maîtres peintres.

— Une tête d'Holbein, un petit œil fermé avec une touche de lumière, c'est beau, dit-il. Les Pierre de Hooghe et les Ostade, c'est beau. Gerard Dow est plus mince. Les Terburg sont étonnants. Et notre Chardin, c'est ça qui ne crie pas ! Il n'y en a qu'un qui ait su jeter un plat d'argent sur une nappe blanche sans que la nappe soit trop blanche et le plat trop noir ; celui-là, c'est Rembrandt. Et la *Femme nue* de Rembrandt, la femme de la salle Lacaze, comme elle est enveloppée d'air ! Voyez cette femme-là entre les deux Velasquez, qui ne sont peut-être pas de Velasquez, près du

Philippe de Champaigne, voyez ça. Qu'est-ce qu'ils deviennent? Qu'est-ce qui en reste? Le *Pied bot* de Ribera, cet affreux petit bonhomme avec sa béquille sur l'épaule et qui montre ses dents gâtées, c'est beau. La *Joconde* me prend moins que Rembrandt, que van Dyck, mais c'est beau. Si Rubens n'avait peint que la série des *Médicis* du Louvre, je me demande si ce serait Rubens... Je cherche... ce serait Rubens encore! Voyez les petits enfants qu'il a jetés dans le bleu du ciel; il faut voir de près ce coin-là : j'en ai fait une copie *très-poussée;* il faut voir ce que le front des enfants prend de bleu au bleu du ciel! Nous parlons peinture, eh bien, parlons peinture. On ne fait pas vrai, on fait l'ombre plus forte à côté du point où porte la lumière ; ce n'est pas vrai, la lumière chasse l'ombre, et plus le point lumineux est éloigné, plus l'ombre est épaisse. C'est Rembrandt qui observait ça! Et les reflets! les abominables reflets qui rendent les chairs transparentes ! ce n'est pas vrai, les reflets empêcheront les Mignard de rester.

Un peintre dit :

— Et Watteau ! Watteau n'est pas vrai.

— Watteau a ce droit-là ! Watteau restera. Valentin restera. Ah ! Prud'hon ! oui, Prud'hon ; ce qui me prend le plus dans les Prud'hon du Louvre, c'est son portrait de femme ; ça, c'est beau, très-beau, aussi beau que quoi que ce soit, aussi beau qu'un Vinci. David, c'est un homme très-fort : ce n'est pas vrai ; Gros est très-fort. Ce sont des gens très-forts. Géricault... Géricault... que voulez-vous que je vous dise ; je ne peux dire que ce que je sens ; en face d'un Delacroix, je me dis : L'art de Géricault est un art inférieur.

— Je me découvre devant Géricault, dit un peintre.

— Nous parlons peinture, parlons peinture. Géricault a des brutalités. Voyez un Delacroix et comparez. Delacroix est bien autrement distingué. Ingres dessine bien, Delacroix dessine bien ; seulement Ingres c'est le puriste, il sait où sont les petits os...Voyez-vous, le père Ingres était fort, Delacroix très-fort : c'étaient des gens très-forts. Decamps est trop cuit.

Ary Scheffer? Paul Delaroche? Léopold Robert? Oui, mais où est le peintre? je cherche le peintre. Je peux dire ce que je pense de Regnault : je l'aime et je ne l'aime pas ; il me fatigue.

— Son général Prim est beau.

— La tête est à Goya. Le fond jaune de la *Salomé* tue tout ; il vous revient toujours en tête ce fond-là ! Un fond, ce n'est rien, ça ne doit pas se voir. Qu'est-ce que cela me fait un fond ! Dans un portrait de Carolus Duran, c'est du fond que l'on se souvient d'abord : le fond vert et la femme, le fond bleu et l'enfant. Regnault a songé à Fortuny. Fortuny est égratigné, ne dites pas non. Voyez à côté d'un Fortuny un Bonnington. Hum ! Couture, on ne le copie plus ; l'a-t-on assez copié ! On copie toujours Paul Véronèse. Parbleu oui ! Ribot est un peintre ; le torse de son *Saint Sébastien*, du Luxembourg, est beau ; les dessous sont bien construits, c'est un bon morceau de peinture ; mais figurez-vous une galerie composée de Ribot, c'est ça qui serait triste ! De tous ceux du même groupe d'artistes, c'est Baudry le plus fort; de Puvis de Chavannes on peut dire tout le mal possible et avoir raison, mais il a le sentiment de l'art décoratif. Meissonier établit un bonhomme dans sa pose prise sur la nature, la pose réelle. Detaille fait bien, c'est un bien petit monsieur à côté de Meissonier; c'est mince, cherché, adroit; il met tout. François Millet, c'est autre chose que ce que l'on fait, le modèle ne donne pas ça; ça, c'est beau. Ah! son effet de nuit! On sent la fraîcheur, ça vous tombe sur les épaules. Il y a des *morceaux* de Courbet qui resteront. Ah! Corot, ce Corot, oui, le père Corot, c'est un maître; un paysage de Corot, c'est ça qui est dans l'air! Théodore Rousseau se perdait dans le jus, Jules Dupré se perd dans la pâte. Ah! Corot est beau, je ne dis pas le Corot des grandes *machines*, mais Corot, le Corot des petits cadres. Daubigny est-il plus fort? Je n'en sais rien; je vois que Daubigny est lourd; il a des noirs que je ne vois nulle part dans la nature. Corot est distingué, je dis distingué, je cherche toujours la distinction. Troyon est vrai, il n'est pas si fort que ces gens-là. Les Rosa Bonheur sont bien arrangés. Michel est puissant; j'accrocherais dans mon atelier un Vollon, un Bonvin, un Manet, un Pissaro. Bonnat me va bien, surtout le Bonnat des petits Bonnat, le Bonnat des *petits Italiens* couchés le long d'un mur, que vous avez vu au Salon il y a des années. Henner est plus fin, plus délicat. Je n'aime pas Gérôme extraordinairement. J'ai bien aimé Pille, le Pille de l'*Automne*. Dehodencq a de vilains jaunes. C'est chez Cabanel que Henri Lévy, Humbert, Thirion, Cormon, ont appris à aimer Eugène Delacroix. Fromentin est distingué, parbleu oui! mais Cabanel aussi. Fromentin! Fromentin, avez-vous vu ses terrains, comme c'est petitement obtenu? Munkacsy, il peint. Roybet est brutal; ce qui y est y est, il l'y laisse; il ne cherche pas quelque chose de plus. Depuis qu'il a été en Orient, il a une autre manière de faire : la tête dans l'ombre et tout l'effet dans les vêtements. Regnault, voyez-vous! On dit : Si Hamon est comme ça, c'est qu'il a passé par Sèvres; je réponds : Et

Diaz aussi. Il n'y a pas de peintre de nature morte, de peintre de paysages, de peintre d'histoire, il n'y a que des peintres. Et oui, Worms a de l'esprit, Vibert a de l'esprit, Leloir a de l'esprit, ils ont tous de l'esprit; mais vingt ans de succès à cette note-là, et l'art français est mort. Pour saisir ce que ce pot donne de brun et ce qu'il prend de blanc à ce plat, il faut du génie.

Après un long moment laissé à la méditation, il dit :

— Cette nappe est grise.

— Elle est jaune, dit l'autre.

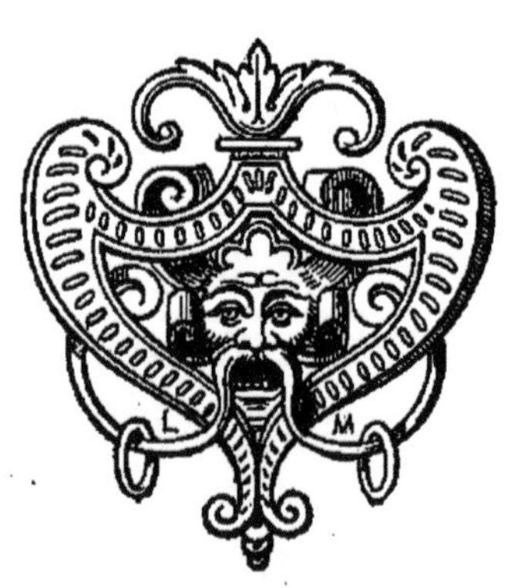

CHAPITRE XII

SOUVENIRS DU PEINTRE BESNUS : THÉODORE
ROUSSEAU JUGÉ PAR JULES DUPRÉ. — JULES
DUPRÉ JUGÉ PAR LE PEINTRE FLERS.

J'ai reçu cette lettre du peintre A. Besnus :

« C'était en 1852 ou 53, à l'Isle-Adam. Je
commençais à faire de la peinture sur nature, et, à cet effet, j'étais allé voir dans ce
charmant pays un de mes presque compatrio-
tes, Nicolas Moreau, d'Etampes, peintre de

9

chasses, pour faire des études avec lui et sous sa conduite. Il y avait alors là un de ses amis, Georges Prieur, peintre paysagiste, un homme charmant, intelligent, instruit, beau causeur, du talent, mais malheureusement trop fortuné pour franchir le saut de loup qui sépare l'artiste de l'amateur. Tous les soirs, nous nous réunissions chez lui. La compagnie se composait ordinairement de Nicolas Moreau, de Victor Dupré, de Flers quelquefois, et de moi, tout jeune homme. Dominant l'assemblée, la belle figure de Christ d'un grand artiste plein d'inspiration, de fougue, de sentiment et parlant aussi bien qu'il peignait, Jules Dupré, l'éminent paysagiste, un des chefs de l'école moderne, avec Théodore Rousseau, Eugène Delacroix, Diaz, etc., la pléiade de 1830 !

« Or, au milieu d'une atmosphère bleutée par la fumée, on causait art, littérature, livres nouveaux et maîtres peintres anciens. J'écoutais de mes deux oreilles ces conversations animées et colorées.

« Tout à coup le silence se faisait. Jules Dupré, monté au plus haut diapason, s'animait à la description d'une œuvre d'art ou à la défense d'un rival... et quelle chaleur de diction ! quelle persuasion il apportait ! Je n'ai jamais connu un homme plus artiste et plus amoureux de son art ; avec cela, de grands yeux bleus expressifs et doux, de longs cheveux blonds encadrant une tête pâle, un peu maigre, nerveuse, se reliant à une barbe souple et abondante : tel était à cette époque Jules Dupré.

« Pour vous donner une idée de la sensibilité excessive de cette nature privilégiée, enthousiaste, énergique ou rêveuse, je vous citerai un fait dont j'ai été témoin.

« Nous avions coutume de nous en revenir tous les deux, le soir, de chez Prieur ; nous avions à traverser le pont de l'Isle-Adam sur l'Oise. Ce soir-là, nous revenions vite, car le tonnerre avait des fracas épouvantables, et un orage terrible s'annonçait. Néanmoins, arrivés sur le pont, nous nous arrêtâmes pour contempler l'état vraiment extraordinaire du ciel. Des nuages immenses s'avançaient avec une vitesse prodigieuse, poussés par des courants opposés, et se brisaient tout à coup, dispersés et fracassés ; les éclairs se succédaient sans discontinuité, et le tonnerre, avec un bruit terrible, tombait à chaque instant ; le ciel était sillonné de brisées lumineuses : quelle tourmente ! — tantôt le ciel rouge sang se décolorait, et subitement, sans transition, passait au blanc pur et brillant ; l'eau reflétait cette intensité de lumière qui, aussitôt, s'assombrissait, et la décoration changeait. Par moments, le ciel avait des colorations d'un vert intense, fantastique, sinistre ; brusquement il s'illuminait de teintes orangées, et tout cela avec une vitesse telle qu'en tournant un instant la tête d'un côté, on perdait un effet instantané de l'autre. Pas une goutte d'eau pendant cet indescriptible chaos céleste, et, chose que nous remarquâmes, les oiseaux chantaient à tue-tête ; nous étions certainement, Jules Dupré et moi, les deux seuls mortels contemplant ces merveilleux tableaux. Dupré, ému, me prenait nerveusement le bras quand je manquais un effet, occupé que j'étais à regarder un point opposé. « Vous n'avez

« pas vu, disait-il ; que c'est beau, que c'est «beau ! » Je le regardai dans cette minute où le ciel était d'argent ; sa belle tête était convulsée, il pleurait....

« De grosses gouttes de pluie commencèrent à tomber ; force nous fut de partir en hâte..... Il y avait une grande heure que nous étions sur le pont de l'Isle-Adam. Je n'oublierai jamais cette heure passée la nuit, et quelle nuit ! avec Jules Dupré, en pleine nature tourmentée, sur un pont qui tremblait. Je n'oublierai jamais les larmes que j'ai vues sur la face du grand artiste...

« Je vous ai parlé de la chaleur d'âme que mettait Dupré à la défense d'un artiste rival : je tiens à préciser le fait. Ce soir-là, on avait causé peinture, des anciens et des modernes ; chacun lançait son nom préféré, et tous les grands noms de l'art avaient défilé, Corrége et Véronèse, Rembrandt et Ribera, Ruysdael, Hobbéma, Paul Potter, Claude Lorrain, et Rubens et Géricault. En général, la note dominante était en faveur des maîtres de la couleur, de la vie, de la fougue superbe ou de l'exquise délicatesse de sentiment, des génies naïfs comme Ruysdael et Paul Potter.

« Jules Dupré, je m'en souviens, prononçait le nom de Claude Lorrain sur un ton particulier, traînant la voix d'une façon mystérieuse où l'on sentait l'excessive admiration. Géricault avait aussi l'avantage de cette prononciation spéciale aux élus de son cœur. Pour Rembrandt, il avait une intonation énergique et sourde, empreinte de vénération. Comme il baissait la voix pour ses préférés, retenant son souffle pour mieux faire vibrer les syllabes du nom ! On eût dit qu'il avait peur de les briser rien qu'en y touchant. On était arrivé aux contemporains, et Prieur, admirateur passionné de Dupré, avait prononcé légèrement le nom de Théodore Rousseau. « Après tout, exclama-t-il, Rousseau est sur-
« fait, et je ne le trouve pas si..., » mais il ne put achever, car Jules Dupré étendant la main :
« Oh ! tout beau, Prieur, dit-il ; n'accablez pas
« Rousseau, » et s'échauffant alors : « Rousseau
« est le premier paysagiste actuel, touchez-y
« avec discrétion, » et, sur un ton austère, il

fit de Rousseau le plus bel éloge que jamais peintre fit d'un autre peintre ; s'étendant sur les beautés, analysant avec générosité les faiblesses, et finissant, je me le rappelle encore, par quelque chose d'analogue à ceci : « J'ai « été lié intimement avec Rousseau, nous « avons beaucoup travaillé et voyagé ensem-« ble ; je le connais bien, homme et peintre ; « et, si je suis fâché avec lui pour certaines « circonstances, cela ne me fait pas oublier « son immense talent. Rousseau est un maî-« tre. »

« Jules Dupré est un travailleur infatigable ; c'est un piocheur enthousiaste, peignant d'abondance, avec un grand sentiment passionnel ; quand il est en verve, il se bat littéralement avec sa toile, procédant largement, fougueusement, avec une sûreté de touche surprenante ; il ne s'inquiète guère alors de celui qui peut se trouver dans l'atelier ; il ne le voit certainement pas. Il aime à être seul, et il est bien difficile de l'entraîner au dehors pour une promenade de plaisir. Il me souvient qu'une fois plusieurs de la Société isle-adamoise voulurent organiser une partie de forêt; mais il faut décider « Jules », comme disait ce bon Prieur; nous côtoyions l'Oise en cherchant un plan bien traître pour l'attirer dans notre guet-apens, quand, soudain, nous aperçûmes un homme accroupi sur la berge et barbotant dans l'eau. C'était lui !

« Il s'agissait alors de monter doucement sur les gazons, évitant les pierres dénonciatrices, et de l'aborder tout à coup, pendant qu'un de nous, et ce fut Prieur, irait droit à la porte de son jardin pour l'empêcher de rentrer. Ce coup monté réussit; on parlementa longtemps. Jules ne pouvait pas; il avait quelque chose en train, il avait préparé ceci et cela. Prieur fut éloquent ; Moreau appuya; Victor Dupré aussi; Flers insinua un : « Voyons, Jules, tu peux bien pour aujour- « d'hui... » Bref, Dupré dit oui. *Mais* il fallait, disait-il, changer de paletot, de souliers; un froid saisit la bande, on se devinait. Le laisser rentrer seul était impossible ; on l'accompagna chez lui, il ne put s'échapper ; nous restâmes maîtres du maître.

. . . .

« Je marchais devant avec le père Flers, qui souffrait des dents et interrompait sa conversation avec moi par des « Oh! » douloureux. C'était un bien brave homme que Flers, malin et naïf; il avait des mots à lui; ainsi, me montrant la vallée, il me dit d'un air ravi : « Que c'est joli! n'est-ce pas? Moi, je trouve « ça gentil, très-gentil. » Et alors, baissant la voix avec une expression impossible à rendre, me montrant Jules Dupré qui venait plus loin : « Il n'aime pas ça, lui ! Il lui faut des « choses (et son bras décrivit plusieurs cercles); « mais moi, j'aime bien ça.... Oh! aïe ! les « dents ! »

« Le soleil disparaissait quand nous rentrâmes en ville.

« A. Besnus. »

N'est-ce pas là un tableau achevé, où Jules Dupré, le brave homme et l'artiste, se montre?

Le narrateur aimable est un véritable artiste, lui aussi. Les paysages de Besnus sont d'ordinaire tenus dans une gamme blonde, tranquille; là, pas d'effet cherché : la nature adorée, adorable, observée d'un œil bien ouvert par un artiste clairvoyant. Les tableaux de Besnus donnent l'impression douce que produit la sensibilité d'un homme d'esprit (1).

(1) Salon de 1874 : *Un Matin à La Ferté-sous-Jouarre.*
L'Abreuvoir (Soirée d'automne), *Poitou.*
Le Puits de Jeanne.

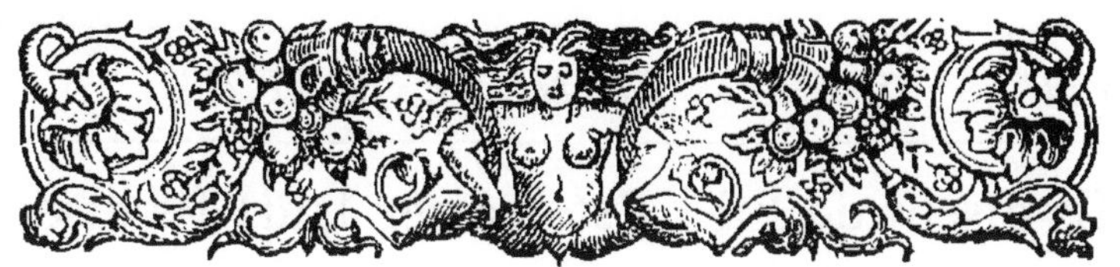

CHAPITRE XIII

JUSTICE A TOUS

I

Lagouette réhabilité.

J'ai à dire qu'il est un art particulier qui attire Lagouette, une certaine beauté plastique qui le retient, un genre d'esprit qu'il apprécie; j'ai à le prouver.

Un maigre grimacier d'un théâtre à opérette est de ceux qui ont cette pitoyable industrie d'égayer Lagouette et ses jeunes amis.

Ils disent de lui : Est-il assez laid ! Ils disent aussi : Est-il assez bête !

Il en est aimé.

Après la mort de l'acteur Grassot, il y eut de l'étonnement chez tous. Dans la bibliothèque de Grassot se trouvaient des livres en grand nombre ; ceux-ci entre autres :

De l'Art de voir dans les beaux-arts, par Pommereul.

De l'Influence des beaux-arts sur la félicité publique.

Aucune surprise de ce genre n'attend Lagouette et ses jeunes amis. Leur favori doit sa célébrité à un mot. Il ne voyait plus sa mère ; elle tombe malade ; par hasard il l'apprend ; ce farceur incomparable rencontre son père. Alors, courtois, il touche légèrement son chapeau, puis dit : Et votre dame ?

II

Hommage rendu à un des amis du jeune M. Lagouette.

J'ai à dire ceci : Le goût des choses d'art est venu à quelques-uns de ces notables messieurs. J'ai vu sur le coffre-fort même d'un marchand de pierres fines du quartier de la Bourse un buste de femme, un antique.

— La Minerve ?

— Non, la Vénus.

III

Hommage rendu à un autre ami du jeune M. Lagouette. — Raphaël médecin.

J'ai à dire encore qu'un de ces jeunes messieurs conte ceci d'un beau sérieux : Proie stupide, dit-il, j'appartenais à la lubricité, j'obéissais aux appels de ma chair sans cesse martelée par le désir brutal. Je laissais hurler la bête. Je pars pour Rome. Là, Raphaël me fait entrer dans le monde de la beauté idéale et de l'absolue pureté, un monde tout peuplé de vierges et de madones ; un miracle se produisit, le rajeunissement de mon âme : Raphaël m'avait guéri !

On raconte cela dans les ateliers.

IV

L'ami des maîtres artistes.

J'ai à dire aussi qu'il est parmi les notables amis du jeune M. Lagouette d'honnêtes jeunes gens qui ont du cœur. Ils ambitionnent le titre d'ami d'artistes, d'artistes en renom. On les tourmente méchamment ; on met en doute leur qualité d'ami. On leur demande des preuves. Ils mettent de la passion à la réplique : — Si je suis son ami ! je suis son propriétaire. — Je suis le parrain de sa dernière.

On a noté cette preuve sans réplique : — Je ne le connais pas ! je lui ai posé vingt sangsues....

Ce sont là des propos d'artistes.

V

De la sensibilité des artistes : Théodore Rousseau
et le lézard.

Quand on met en doute l'excessive sensibilité des artistes, un artiste ne manque point de vous conter cette historiette :

Le bruit que faisait la diligence de Barbizon amenait d'ordinaire Théodore Rousseau sur le pas de la porte; un jour, comme la voiture passait devant chez lui, on vit Rousseau, tout pâle, tout ému, tout tremblant, se jeter à la tête des chevaux; une roue de la voiture allait écraser un lézard...

VI

L'art pour l'art.

Un peintre avait exposé un bon tableau. On y voyait un prêtre lisant son bréviaire, en plein champ de blé. On lut dans un journal religieux : Un artiste vient de confesser sa foi.

L'artiste, interrogé, répondit : — Ah oui ! la soutane, c'est une note de couleur.

Le même peintre fut décoré sous l'Empire. Interrogé sur le désir qui lui était tout à coup venu de s'attacher un ruban rouge à la boutonnière, il dit : — C'est comme note de couleur.

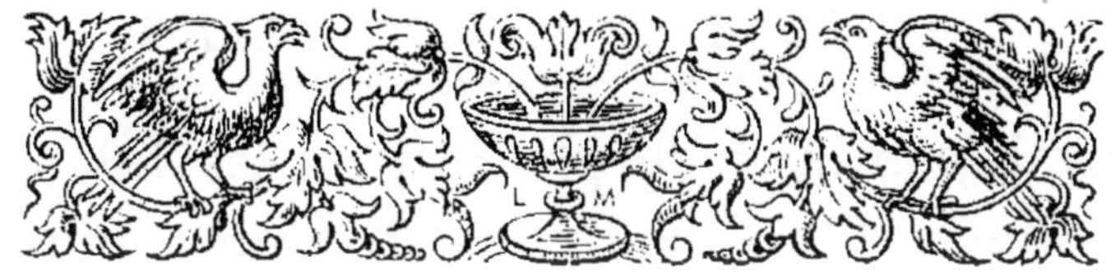

CHAPITRE XIV

UNE IGNORANTE AU SALON

(1873)

I

J'ai accompagné au Salon une jeune femme ignorante, Mlle Héloïse, du théâtre ..... Elle n'avait été avant ce jour-là qu'une seule fois au Salon, alors qu'elle était toute petite, un dimanche, avec son père et sa mère. Elle avait eu chaud, elle avait eu soif ; elle avait demandé à boire ; on lui avait répondu : « Quand nous serons à la maison. » Elle avait pleuré plus fort ; on lui avait promis des gifles. Elle avait continué de pleurer ; on les lui avait données. On s'était remis en route ; on tirait la petite, qui était lasse, on la tirait ! — Les bras m'en font mal quand j'y pense, dit Mlle Héloïse.

Tout cela lui était resté en laid dans l'esprit.

Elle se souvenait du temps passé, admirablement. Elle avait été sauvée du vice par la misère. Déjà grande fille, elle était à la fenêtre ; un beau garçon sans cœur lui crie d'en bas :

— Où est ta mère ?

— Au lavoir.

— Et ton père ?

— A l'atelier.

— Alors, descends.

— Je n'ai pas de souliers.

Il faut entendre conter cela par Mlle Héloïse !

Et une nature à elle ! Encore enfant, à table, elle pleurait ; sa mère lui dit : Qu'as-tu donc ? — Je n'ai plus soif.

Mélancolique par instants, Mlle Héloïse ! Un jour qu'elle marchait tristement, la tête baissée, elle vit le bleu du ciel sur le vernis de sa bottine ; cela suffit à l'égayer.

Elle fait peu de cas de l'homme. Cette variante au grand poëme de la création est de Mlle Héloïse : Dieu dit : Que la lumière soit, et la femme fut.

Propos de femme.

Devant un lion de Barye, elle avait dit : Il n'y a qu'une bête féroce : c'est l'homme.

Pour amener Mlle Héloïse à venir au Salon, je lui avais dit :

— Ne craignez rien, vous n'aurez pas à entendre une dissertation dogmatique. Je vous fais grâce d'un parallèle savant entre Rome et Madrid, Anvers et Paris ; je n'ai pas voyagé ; j'ai dû demander la science au voisin.

— Et l'amour à la voisine ?

Nous entrons.

Je savais Mlle Héloïse douée du sens critique. Elle avait pour ami un petit auteur ; ce petit auteur avait écrit un drame en vers, et quel drame ! Le premier acte se terminait par ce vers prodigieux :

Et les chefs ennemis échangèrent la mort.

Le petit auteur lut ce premier acte à Mlle Héloïse; arrivé au dernier vers, à ce vers sublime :

Et les chefs ennemis échangèrent la mort,

le poëte s'écria :

— On sent la griffe du lion !
— Oui, mon chat, dit-elle.

II

La femme et l'amour. — La guerre.

Ce que chercha d'abord au Salon Mlle Héloïse, ce fut la femme; elle voulut savoir si nos peintres ont pu la peindre. Elle allait d'une toile à l'autre toile; et en passant elle vit plus d'une des héroïnes de la gueuserie galante, non point de ces filles déplaisantes, à baiser près de l'oreille, mais de belles filles avenantes et fières qui savent ce qu'elles valent, ce qu'elles coûtent; des filles belles à faire peur. Leur peintre les flatte : elles roulent, et c'est à croire qu'elles glissent.

Devant une *Charmeuse* de M. Georges de Dramard, une charmeuse nue, Mlle Héloïse s'écria : — Comment, après le péché !

L'étonnement naïf d'une *Marguerite* aux bijoux avait amené ce mot sincère de Mlle Héloïse : — On ne surprend une femme qu'en ne lui donnant rien.

Comme elle s'étonnait de l'amour passionné d'un jeune homme pour une fille sans pudeur dont l'image elle-même arrêtait au Salon les passants, je lui dis : — De la ceinture de Vénus est fait le bandeau de l'amour heureux.

A l'homme le plus aimé, Héloïse dirait : — *Moi*, c'est la meilleure moitié de *nous*.

Mlle Héloïse montre du dédain pour les scènes d'amour et les batailles : — Là, tout est faux, arrangé, dit-elle ; les plus beaux spectacles n'ont pas de témoins ! La guerre ! l'amour ! ça fait pitié ! Ce ne sont pas des amoureux, les peintres ; le tête-à-tête est sans témoins. — Ce n'est pas ça, dit-elle de souvenir. — Les soldats n'ont pas de sang-froid au moment de l'action, ils s'appliquent à tuer. Il n'y a pas de bon peintre : les peintres sont des témoins à distance, des témoins à lorgnettes.

Devant les soldats de M. Alphonse de Neuville, cependant, les soldats des *Dernières Cartouches*, Jules Vallès eût dit : « Ils embaumaient la poudre. »

Mlle Héloïse aimait-elle ? avait-elle aimé ? est-ce une fille tendre ?

— Quasi.

Interrogée sur le galant directeur de son théâtre, elle dit : — Nos yeux ne se sont jamais rencontrés.

Que croire ?

Quelqu'un lui avait dit l'aimer. On demanda à Mlle Héloïse :

— Comment avez-vous répondu ?

— En femme sensible.

Que penser ?

En passant devant un tableau de M. Ed. de Beaumont, elle dit : — Voilà un peintre qui ne prendrait pas une chandelle d'un sou pour un cierge.

Ce qui est vrai.

Je retins un instant Mlle Héloïse près d'un tableau d'Eugène Millet : l'*Heure de la leçon.* Une jeune fille, debout devant un piano, regarde deux colombes amoureuses. Les jeunes filles de Boucher et de Watteau aimaient aussi les oiseaux galants ; les jeunes filles ont toujours épié les colombes. La jeune fille pâle du tableau d'Eugène Millet est songeuse ; elle jouera tout à l'heure quelque mélodie tendre, en effleurant les touches, et laissera, distraite, s'éteindre les sons, en regardant se becqueter les colombes.

Et Mlle Héloïse allait toujours, cherchant la femme, cherchant l'amour.

Interrogée sur le pouvoir qu'avait pris sur elle un homme aimable, Mlle Héloïse avait répondu :

— Il me fait faire tout ce que nous voulons.

La dédaigneuse, je l'ai su, a eu une heure de sensibilité : le petit auteur, son ami, avait sans doute quelque rancune au cœur ; au demi-aveu de Mlle Héloïse, il avait répondu par ce sixain irrévérent :

> Vous plairait-il me tenir quitte
> Du paîment de tendre retour ?
> Bien mieux que la faim c'est l'amour
> Qui chasse le loup hors du gîte ;
> Cependant souffrez, cette fois,
> Que je ne sorte point du bois.

La femme de théâtre se montrait par instants. Devant un tableau à soldats, elle dit :

— Ce sont là des batailles pour rire : le général en chef, c'est le premier ténor ; les soldats sont les coryphées, ils regardent de notre côté, ils connaissent quelqu'un à la galerie, ils sont contents d'être de la pièce.

En retraite, de M. Detaille, donne une impression forte cependant! Les soldats au repos de M. Protais sont bien des soldats, des soldats de notre temps et de notre pays.

Mlle Héloïse dit :

— Tout guerrier grec ou romain devait être aimé des femmes ; tout casque est un miroir ; toute femme est coquette.

Mlle Héloïse avait une devise : *Tenter me tente.*

— Dans un tableau, dit-elle, la femme cherche les jolis garçons ; l'homme, les jolies filles.

En face d'une statue d'*Eve* de M. Paul Dubois, Héloïse avait dit : — Une femme est plus belle.

Devant une nymphe de M. Allouard, j'arrêtai Mlle Héloïse. Après le *Réveil d'une femme* la *Marguerite*, après la *Marguerite* la *Mélantho*, encore une femme ! M. Allouard fait tenir tout l'art dans la femme. Pour la statue de *Figaro*, il a été second ; si *Suzanne* avait été mise au concours, M. Allouard était premier.

Mlle Héloïse, elle, fait tenir tout l'amour dans ces deux aveux de femme :

Il m'a parlé.

Je l'ai écouté.

Le *Printemps* de M. Cot a de la grâce : c'est là un tableau agréable dans l'agréable manière de M. Bouguereau ; Mlle Héloïse ne fut pas séduite : — C'est la singerie de l'amour, dit-elle.

L'*Idylle* de M. Emile Lévy la retint. Le

peintre a voulu peindre l'amour innocent. Mlle Héloïse avait l'air pensif de quelqu'un qui regarde derrière soi, un peu loin : — Ce n'est pas ça, dit-elle.

Devant plusieurs tableaux représentant des scènes de l'amour heureux, Mlle Héloïse dit cette phrase incorrecte : — Ce n'est pas comme ça que ça se passe.

Sans doute Mlle Héloïse avait voulu dire : — Ce n'est pas ainsi que cela est.

En amour : « Ce n'est pas comme ça que ça se passe » est peut-être plus juste.

Elle devait bien connaître les tromperies en amour celle qui définit ainsi les voleurs au jeu : — Les *grecs* sont des gens habiles aux jeux de hasard.

Après le joli tableau de M. Cot, le *Printemps*, Mlle Héloïse avait vu le joli tableau de M. Bouguereau, *Nymphes et Satyres*. Elle me fit cette question raisonnable : — Des deux quel est le maître de l'autre ?

Je le lui dis.

— La peinture, dit-elle, cela ne m'intéresse pas ; ce que je demande à un tableau, c'est le drame, les beaux décors. Cela me dit quelque chose, ou cela ne me dit rien.

Un tableau la fit changer de mine : le *Paysan* de M. Valadon, souvenir de la dernière guerre. Sensible, cette Parisienne ! Fumant une cigarette de tabac prussien, Mlle Héloïse était femme à avoir des nausées par patriotisme.

Les *Mystères de Bacchus*, le tableau de M. Jobbé Duval, ne fut pas compris d'Héloïse. Ces grappes de femmes lascives lui firent croire à un triomphe de Vénus, je la détrompai.

— Elles ont bu du bien mauvais vin, dit-elle.

Le petit auteur avait écrit à Mlle Héloïse :

« Un matin, trois hommes, un écolier, un poëte, un amoureux, — l'amoureux moi, madame, — trois fous étaient aux champs. Le poëte a trouvé les beaux vers en cherchant les belles fleurs; l'écolier rapporte un bouquet; l'amoureux — moi, madame — les fleurs oubliées par l'écolier et les rimes dédaignées par le poëte. »

Mlle Héloïse avait répondu je ne sais quoi;
l'amoureux vint en hâte avant l'heure dite,
et ces mots charmants, ces mots de reproche
lui furent dits :

— Vous n'êtes pas bien en avance.

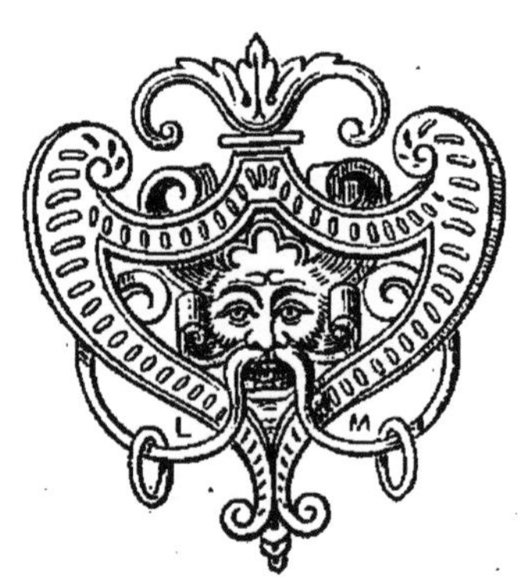

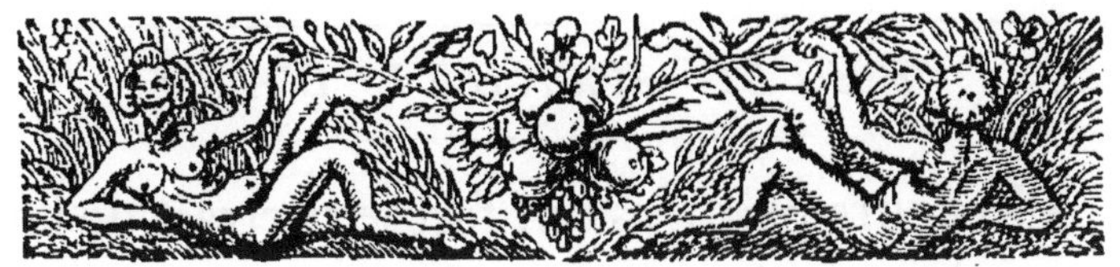

CHAPITRE XV

UNE IGNORANTE AU SALON

I

Les portraits.

Mlle Héloïse s'arrêtait devant les portraits
d'acteurs; elle disait leur nom tout haut, un
peu trop haut. Elle prit aussi quelque plaisir
à voir les bonnes têtes de gens bien portants,
fleuris, charnus, bonnes gens non dissimulés,
reposés, doux; gens qui ronflent certainement; bruyants éveillés, bruyants endormis,
inoffensifs, tous braves gens.

I I.

Plusieurs peintres ont fait le portrait de leur médecin ; mais cela en pleine convalescence, sans élan, comme on acquitte, une fois guéri, la note du sauveur.

Le portrait de M. Alexandre Dumas fils, par M. Dubufe, l'arrêta : M. Alexandre Dumas une plume à la main ! On dirait Descartes rêvant au *Discours de la méthode*, non l'homme qui a montré au théâtre un jeune monsieur dont le trait distinctif de caractère a été précisé hardiment par Mlle Héloïse : Il ramasse la monnaie et ce n'est pas lui qui a donné la pièce.

L'écrivain se devine à la largeur du front, au regard. Dumas fils une plume à la main, une belle plume d'oie toute neuve... Ah ! les attributs !

Le joli Cupidon de M. Mathieu Meusnier n'a pas de flèche !

II

Les paysages.

C'est là que nos artistes triomphent; l'un a ses « bords de l'Oise », l'autre son « coin de bois », c'est le paysage sans grand effet de composition, la note intime, la note juste. Chintreuil — Flahaut — Hanoteau — Daliphard — Harpignies — Bernier — Lambinet — Appian — Lavieille — Emile Breton, la nouvelle école : « Un chemin, » — « la mare, » — « un gué, » — « un sous bois, » — « une lisière de bois, » — « un sentier sous bois, » — « un chemin sous les arbres. »

« Un coup de vent sur l'eau, » de M. Moullion, qui a fait l'honneur à mes vers de leur demander le sujet d'un tableau : Un pêcheur jetant l'épervier...

> .... Il suait, quand le vent
> Apportant des grands bois les senteurs embaumées
> L'homme sema dans l'air des gouttes parfumées.

— Pouah ! fit Mlle Héloïse.

Et « des bords de l'Eure » et « un moulin » et « un coin du parc d'Antibes ».

Ça ne disait rien à Héloïse, cependant.

Je fis un effort pour la retenir devant un Chintreuil.

— Si nous allions à la campagne ? dit-elle.

III

Les tableaux religieux.

Nous avions traversé le jardin réservé aux statues. J'y voulus ramener Mlle Héloïse.

— Non, dit-elle ; ça m'ennuie.

Les tableaux religieux, les scènes bibliques intéressaient vivement Mlle Héloïse ; elle les cherchait, les découvrait : la *Dalila*, de M. Ferdinand Humbert ; la *Madonna adolorata*, de M. Hébert ; le *Jésus dans le tombeau*, de M. Henry Lévy ; la *Judith*, de M. Thirion ;

la *Vision*, de M. Olivier Merson ; le *Vœu,* de M. Rixens.

Devant la *Bretonne* extatique de M. Jules Breton, Mlle Héloïse s'arrêta longtemps. Mignon eût dit de cette Bretonne : — Elle fait rêver au ciel. Exaltée, Mlle Héloïse dit : — Ça fait lever le nez en haut.

IV

Allant vers la sortie.

En passant, Mlle Héloïse vit, sans vouloir s'arrêter, le *Bon Bock*, de M. Manet. Je voulus lui faire remarquer le tableau d'un peintre que j'aime, M. Gustave Jacquet ; mais Mlle Héloïse marchait d'un bon pas. C'est ainsi qu'elle passa devant le *Baptême* de M. Leloir, le *Jour des fermages* de M. Berne-Bellecour, les *Héritiers* de M. Worms, l'*Affaire d'honneur* de M. Jazet, des scènes de comédie, des scènes de vaudeville plutôt.

Le *Jeune Citoyen de l'an V* de M. Jules Goupil eut un regard distrait; l'*Arrivée de la diligence à Quimper sous le Directoire*, un tableau de M. Jules Noël, eut un sourire de Mlle Héloïse.

— Ça, c'est gentil, dit-elle.

Le *Barbier turc* de M. Bonnat, d'un mouvement si juste, fut dédaigné.

Mlle Héloïse marchait, marchait! Si fort qu'elle allât, elle avait couru, la friande, vers les fruits mûrs de M. Philippe Rousseau. Une *volaille dépouillée* de M. Pierre Galibert arrêtait les connaisseurs; un morceau tenu dans les gris fins, un peu froid, juste. — Qui fait mieux? — Personne, a répondu M. Vollon. — Qui fait aussi bien?

La *Toilette japonaise*, de M. Firmin Girard. L'artiste avait songé à peindre la toilette française; il n'a pas osé. Je m'arrête pour regarder encore une jolie toile de M. Gustave de Jonghe, un artiste qui, franchement lui, donne ce titre à son tableau : *Bibelots;* je m'arrête seul.

Le *Sabbat,* de M. Edouard Brandon.

M. Brandon montre l'Israélite à la synago-
gue, non au comptoir : M. Brandon est un peintre idéaliste. Un coup d'œil à un joli de Nittis,
et je rejoins Mlle Héloïse, près de la porte de
sortie, assez tôt pour lui montrer une jolie
aquarelle de M. Guido Gonin : la *Grille du
château*. Si cet artiste peint une jeune innocente, il lui donne les grands yeux noirs de
Mme Guido Gonin, sa jeune femme; si c'est
une vieille femme que le peintre représente, à
la vieille il donne aussi les beaux yeux de
Mme Gonin, ce qui est de nature à amener
les jeunes femmes à songer sans terreur à la
vieillesse.

Nous partions. Mlle Héloïse dit gaiement :

— Que c'est bête, la peinture!

Ma réplique fut entraînante, passionnée.
Déjà je triomphais, lorsque Mlle Héloïse dit
doucement :

— Que c'est bête, un homme!

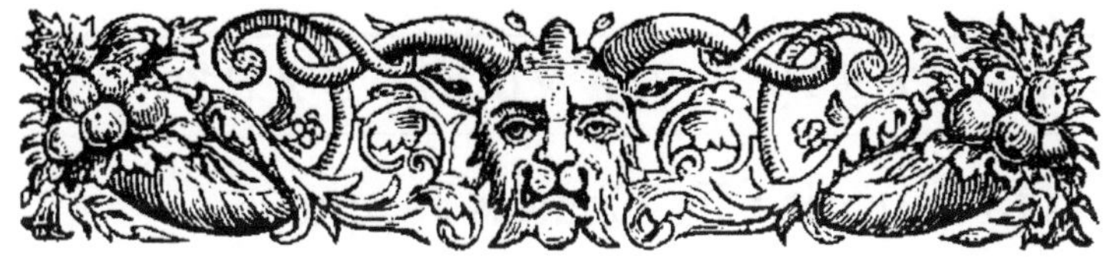

CHAPITRE XVI

EN CAUSANT

Mots d'artistes.

Dans un atelier, j'ai entendu cette phrase de FAITS DIVERS, au lendemain de la distribution des médailles : La journée d'hier a été « fertile » en accidents.

Les artistes, entre eux, se jugent sans phrases : De M. Gustave Doré, ils disent : Il a de mauvaises habitudes : il peint.

On leur dit : Et Charles Jacque ?

Ils répondent : Il occupe beaucoup de monde.

D'un tableau de M. Jules Breton, ils disent : C'est joliment beau !

II

Questions et réponses.

Le jeune Lagouette me demanda un jour :

— Le dessinateur l'emporte-t-il sur le coloriste ?

— M. Charles Blanc dit *oui;* Théophile Thoré dit *non.*

Un autre jour, je lui dis : — Il est peu de tableaux qui se tiennent près d'un dessin de M. Chifflard, d'un dessin de M. Bida.

Lagouette montra quelque étonnement.

Il me dit aussi :

— Qu'est-ce que l'art ?

— Une science.

— Quelle est la qualité rare ?

— La sensibilité.

III

Les petits-fils de Titien.

Je dis un jour à Lagouette :

— Je ne suis point pour les parallèles imprudents, ni pour les surnoms glorieux. Par exemple, quand un écrivain dit de quelque jeune Français studieux, de retour de Rome : « C'est un petit-fils de Titien, » il n'a rien dit, si l'illustre aïeul a dévoré tout le patrimoine de la famille.

IV

Ingres et M. Manet.

— Un jour, ô Lagouette ! le peintre Manet a montré de la fermeté. Ingres était chez l'expert M. Haro. M. Haro présenta, sans le nommer, M. Manet au vieil artiste, qui ne le

connaissait pas : « Maître, un jeune peintre. »
Alors, Ingres exhorta le néophyte : « Jeune
homme, écoutez-moi ! » Et M. Manet écoutait.
« Jeune homme, croyez-moi ! » Et M. Manet
saluait. « Jeune homme, étudiez Raphaël. »

— Et qu'a répondu Manet ?
— Il n'a pas répondu.

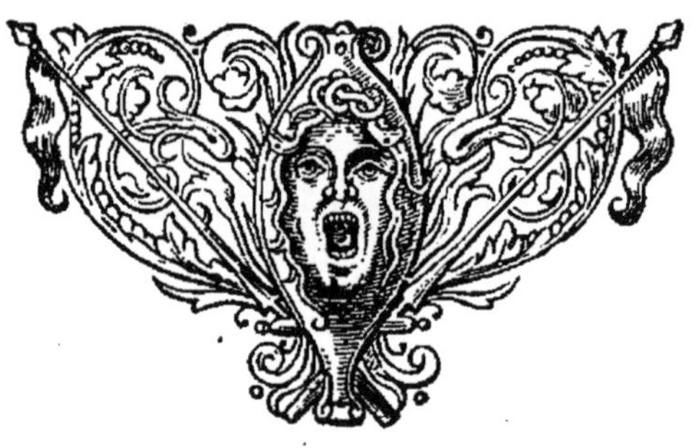

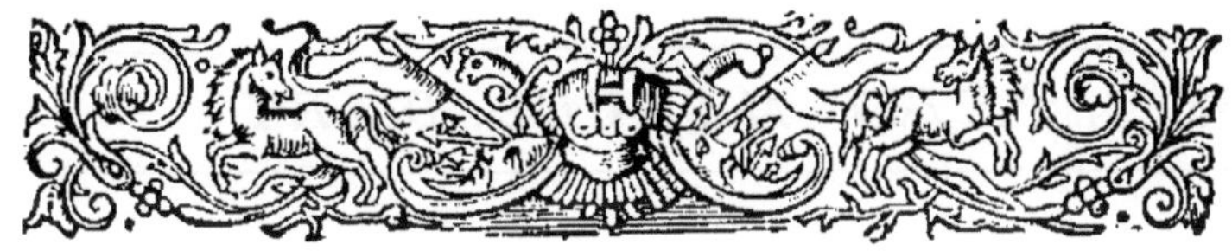

CHAPITRE XVII

UNE VENTE DE TABLEAUX IL Y A CINQUANTE ANS ;
EXTRAITS D'UN CATALOGUE. — DE QUELQUES
VENTES DE CE TEMPS-CI. — EXTRAITS DE CATA-
LOGUES. — DES PRIX DE CE TEMPS-LA ET DES
PRIX DE CE TEMPS-CI.

i

CATALOGUE

D'UNE RICHE COLLECTION

des trois écoles

qui composaient le cabinet

DE FEU M. ROBERT DE SAINT-VICTOR

*ancien conseiller au Parlement
et président de la Chambre des comptes de Rouen.*

La vente a été faite les 26 novembre 1822 et 7 janvier 1823.

Le catalogue est rédigé par Pierre Roux.

(*Extraits.*)

ÉCOLE D'ITALIE

LE BASSAN (Jacques *da Ponte*, dit).

1. — Nous offrons une des grandes compositions de ce maître, représentant une Adoration des bergers. La scène principale se passe dans le fond d'un monument d'architecture. *T.*, *l.* 48 *p.*, *h.* 36 *p.* (Vendu 20 fr. 5o c.) (1)

TIEPOLO.

2. — Une riche composition représentant une Prédication, où l'on voit nombre de figures répandues sur tous les plans de la scène et quelques groupes d'anges dans le ciel. *C.*, *l.* 8 *p.*, *h.* 12 *p.* (Vendu 46 fr.)

ALBANE (F.).

3. — Dalila, assise sur les marches d'un palais, coupe les cheveux de Samson, endormi sur ses genoux. *C.*, *l.* 12 *p.*, *h.* 10 *p.* (Vendu 81 fr.)

MURILLO (Bartolome).

4. — Un Vieillard mendiant, assis sur une pierre, a

---

(1) Les mesures sont notées en pouces. — Les lettres B, C, T signifient *bois, cuivre, toile.*

déposé ses béquilles et semble attendre la bienfaisance des passants. Cette esquisse terminée est pleine de goût et de science. On connaît, au surplus, la rareté et la beauté des ouvrages de ce maître. *T.*, *l.* 6 *p.*, *h.* 8 *p.* (Vendu 84 fr.)

ÉCOLE FLAMANDE ET HOLLANDAISE

RUBENS (Pierre-Paul).

5. — Bellérophon, sur le cheval Pégase, terrasse la Chimère et perce avec sa lance ce monstre écumant de douleur et de rage. Cette belle esquisse est gravée dans les œuvres de Rubens. *B.*, *l.* 10 *p.*, *h.* 13 *p.* (Vendu 761 fr.) (1).

DURER (Albert) (2).

6. — Au milieu du premier plan, on voit la Vierge debout, tenant son divin Enfant dans ses bras ; et dans l'enfoncement, à droite, deux figures analogues au sujet. Nous croyons devoir faire observer que les tableaux de ce grand artiste sont très-rares à

---

(1) On remarquera que ces tableaux *ont une histoire ;* ils ont été gravés ; ils ont eu une place dans quelque galerie célèbre ; leur authenticité est ainsi évidente.

(2) École allemande.

trouver, surtout lorsqu'ils sont aussi conservés que celui-ci. En examinant la finesse de l'architecture, on conviendra sans doute que Peter Neefs n'est pas le créateur de cette partie de l'art. *B., l. 8 p., h.* 16 *p.* (Vendu 570 fr.)

LUCAS (DE LEYDEN).

7. — Cet artiste est le chef et le fondateur de l'Ecole hollandaise; il excellait dans la peinture et la gravure. Ses tableaux sont rares, surtout lorsqu'ils sont aussi conservés et aussi finis que celui-ci. Il représente J.-C. présenté au peuple. Cette riche composition offre nombre d'épisodes analogues au sujet : il serait difficile de se procurer une production aussi précieuse de ce maître. *C., l.* 5 *p., h.* 7 *p.* (Vendu 151 fr.)

RUISDAEL (JACQUES).

8. — L'Entrée d'un village où conduit un grand chemin ; une église et son clocher en ruine occupent la partie droite du tableau, ainsi qu'une masse de terre, des troncs d'arbres, des broussailles, deux villageois et deux chiens. La gauche offre deux hôtelleries ombragées d'arbres, et, devant, une halte de cavaliers de distinction avec leur suite. Ces figures nous paraissent être de la main d'Isaac Ostade. Ce tableau est digne de la réputation de l'auteur. *B., l.* 14 *p., h.* 18 *p.* (Vendu 382 fr.)

MIERIS (François, *dit* le Vieux).

9. — Il s'est représenté à demi-corps, enveloppé d'un manteau de velours noir et coiffé d'une toque de velours ponceau, garnie d'une plume blanche. Sa tête, aux trois quarts retournée, présente une figure rubiconde, pleine de vie et de gaieté. On remarque une grande force de coloris également soutenue, sans aucune discordance de ton, ni sécheresse, une exécution ferme sans dureté, et enfin un ensemble d'effet et d'harmonie admirable. Mieris n'a rien produit de plus parfait. *B.*, *l.* 3 *p.*, *h.* 4 *p.* (Vendu 735 fr.)

REMBRANDT (Van Ryn).

10. — Un Philosophe, couvert d'un manteau et coiffé d'une toque, écrivant à la lumière, dans un intérieur meublé de quelques accessoires analogues au sujet. Pour tout éloge, nous dirons que ce savant échantillon est gravé dans la collection des peintres flamands et hollandais de feu M. Le Brun. *B.*, *l.* 5 *p.*, *h.* 4 *p.* (Vendu 321 fr.)

NEEFS (Peter).

11. — L'intérieur d'une église vue de jour, avec sa nef, son chœur, ses chapelles et tous les accessoires analogues au sujet.

Le premier plan offre deux personnages debout, en manteau, et une femme assise avec son enfant au bas d'un pilier. Les figures sont par David Teniers. *B.*, *l.* 12 *p.*, *h.* 9 *p.* (Vendu 301 fr.)

TENIERS (David le fils).

12. — Un Vieillard assis, demandant l'aumône ; d'une main il présente son chapeau, et cache l'autre dans son manchon. Près et derrière lui, sa femme, également assise, tient de ses deux mains un pot de feu et semble fixer au loin une âme charitable qui vient leur donner l'aumône. Une écuelle, un bâton sur le premier plan, et au fond un paysage où sont quelques fabriques, terminent cette composition, d'une vérité surprenante. Il ne serait guère possible de porter l'art de l'imitation plus loin : la nature est absolument prise sur le fait. Ce tableau est gravé sous le titre *des Mendiants. B.*, *l.* 8 *p.*, *h.* 6. *p.* (Vendu 800 fr.)

METZU (Gabriel).

13. — Il est bien flatteur pour nous de pouvoir offrir aux amateurs le Portrait du plus grand peintre de genre de la Hollande, peint par lui-même. C'est au milieu d'une foule de contemporains redoutables et des plus célèbres de cette immortelle école, qu'il obtint ce titre glorieux et justement mérité. Tout est beau dans cet homme divin. Ses ouvrages portent un caractère de grandeur et de sévérité digne de nos premiers peintres d'histoire.

Revenons au portrait de notre artiste, que nous voyons assis dans son atelier, tenant d'une main une loupe avec laquelle il paraît fixer un objet dans l'éloignement, et de l'autre son appui-main. Près de lui est une table couverte d'un tapis bleu, sur laquelle on voit un violon, des cahiers de musique, une bouteille de grès et un grand verre de vin ; plus loin, on aperçoit un tableau sur un chevalet, et, à gauche, des tablettes chargées de livres. *B.*, *l.* 6 *p.*, *h.* 9 *p.* (Vendu 527 fr.)

WOUWERMAN (Philippe).

14. — Une Campagne nue, offrant à gauche un monticule au bord d'une rivière, sur lequel on voit un âne debout, qui se détache en vigueur sur un ciel argentin et légèrement nuagé. Sur la rive opposée, on aperçoit encore un cheval couché, et à côté une femme debout, tenant un enfant dans ses bras, conversant avec deux paysans assis sur la pelouse. Cette production étonnante d'effet, de vérité et d'illusion, ornait le cabinet de M. de Choiseul, dans lequel il est gravé par Denker. *B.*, *l.* 12 *p.*, *h.* 9 *p.* (Vendu 2.000 fr.)

DOW (Gérard).

15. — Ses ouvrages sont rares et très-chers. Un Astronome que l'on voit debout dans son cabinet, à travers une grande croisée cintrée, garnie d'un rideau, tenant d'une main une bougie, et de l'autre

un compas sur un globle céleste qu'il semble mesurer : ses yeux, fixés au firmament, indiquent quelques observations astronomiques. Devant lui est une table sur laquelle on voit un sablier, ses livres, et une bouteille de liqueur qui se reflète sur la muraille. Ce tableau, du bon temps et du beau faire du maître, est encore remarquable pour la beauté du clair obscur. Il faisait jadis partie de la galerie du prince de Conti. *B., l.* 10 *p., h.* 13 *p.* (Vendu 1,600 fr.)

TERBURG (Gérard).

16. — Une Maîtresse d'école assise dans un intérieur vue de profil jusqu'à mi-jambe, tenant un gros livre sur ses genoux, fait épeler un enfant dont les cheveux couvrent une partie de sa figure. On ne pourrait trop admirer le caractère de bonhomie et de vérité de ces deux personnages hollandais ; l'art ne peut rien produire de plus précieux d'exécution et de plus délicat de couleur. *B., l.* 9 *p., h.* 10 *p.* (Vendu 775 fr.)

CUYP (Albert).

17. — Deux Gentilshommes à la porte d'une hôtellerie, où pend une couronne de lierre pour enseigne ; un des cavaliers est à cheval ; l'autre, descendu, offre au premier un verre de liqueur que l'hôtesse vient de lui verser ; à peu de distance, on voit deux

chiens de chasse, variés d'attitudes et de couleurs ;
le fond du paysage offre quelques arbres et un village dans le lointain. Ce morceau, de la plus belle
pâte, d'un riche coloris, d'une belle exécution et
d'une harmonie admirable, est digne de figurer
dans les plus précieuses collections, comme étant
l'un des beaux ouvrages de ce grand maître. *B.,
l. 17 p., h. 12 p.* (Vendu 190 fr.)

MEULEN (A.-F. Van der).

18. — Un charmant Paysage richement boisé ; un
léger courant d'air agite le feuillage des arbres qui
le composent et qui se détachent en vigueur sur un
ciel fin et argentin. Un chemin traverse le milieu
du site ; nombre de cavaliers le suivent à quelque
distance ; sur un autre chemin, à droite, on voit
divers voyageurs et quelques autres cavaliers en diverses attitudes. Nous ne connaissons rien de ce
maître qui soit peint avec plus de force et d'esprit
ni mieux conservé. Il a orné la collection de Blondel
de Gagni. *B., l. 10 p., h. 8 p.* (Vendu 303 fr.)

BREUGHEL (Jean).

19. — Un tableau des plus capitaux de ce maître
représentant une Foire de bestiaux ; elle se tient
dans une grande rue ou place, au milieu d'un village où l'on compte plus de cent cinquante figures
savamment distribuées par groupes sur tous les

plans du sujet, où se mêlent encore nombre d'animaux de toutes espèces. Nous ne connaissons de ce maître rien de préférable à ce morceau. Il fut porté à la vente de Vanleyden, à Amsterdam, à 800 florins. *C., l.….. p., h.….. p.* (Vendu 3oo fr.)

GOYEN (Van).

20. — Un gros Flamand, assis dans un intérieur, est endormi près d'une table chargée de quelques comestibles ; il tient une cruche : un chien rongeant un os, et divers accessoires meublent ce tableau plein de vérité et d'expression. Il est gravé par Baron, dans le cabinet du comte de Vence, sous le nom du *Roupilleur. B., l.* 6 *p., h.* 9 *p.* (Vendu 261 fr.)

KALF (Guillaume).

21. — Un tableau capital et du plus beau faire de ce maître, représentant l'intérieur d'une cuisine dans laquelle on voit, sur le devant, des légumes, un chaudron, un baquet et quelques ustensiles ; derrière, sur une table à droite, on voit des artichauts dans un panier, un gigot et une assiette ; dans le fond, à gauche, on distingue une cuisinière, une cage et divers autres objets. Tableau provenant de la vente de Rendon de Boisset. *B., l.* 14 *p., h.* 11 *p.* (Vendu 402 fr.)

ÉCOLE FRANÇAISE

POUSSIN (Nicolas).

22. — Un tableau capital connu par la gravure de Colmans, qui se trouve dans la Galerie de feu M. Boyer d'Aiguille, amateur célèbre de la ville d'Aix en Provence. Il représente David vainqueur de Goliath ; sur la droite, on voit les armes et la tête du Philistin ; le triomphateur, à demi nu, se repose sur une pierre ; sa main droite est appuyée sur l'épée du vaincu ; la Victoire, debout, pose sur sa tête une couronne de laurier et reçoit de l'autre main une couronne d'or qu'un enfant lui présente ; deux autres enfants jouent avec une harpe de forme antique : on distingue dans le fond quelques monuments et des paysages. *T., l.* 48 *p., h.* 36 *p.* (Vendu 700 fr.)

LESUEUR (Eustache).

23. — Jésus-Christ cloué sur la croix ; les yeux élevés vers le ciel, il attend avec une noble résignation la consommation de son sacrifice ; au bas, on voit la Vierge, saint Jean et la Madeleine, qui expriment leur douleur à l'approche de ce moment fatal. De belles expressions, de beaux mouvements caractérisent cette production, digne de la jeunesse de l'auteur. *T., l.* 13 *p., h.* 17 *p.* (Vendu 341 fr.)

GREUZE (Jean-Baptiste).

24. — *Le Retour sur soi :* telle est la désignation sous laquelle M. Binet a gravé ce tableau, qui représente une vieille femme frappée d'un coup de lumière à travers une croisée en mansarde devant laquelle elle est assise ; elle lit dans un gros livre qu'elle tient sur ses genoux, près d'une table où l'on remarque une bouteille, un verre et trois petits registres. Dans le coin de la chambre, à gauche, on voit un lit avec une housse de serge verte, et à côté un fourneau de terre allumé devant une table de bois où est un pot à l'eau : divers ustensiles de ménage meublent cette production, d'une belle exécution et d'un grand effet de clair-obscur. *T., l.* 17 *p., h.* 13 *p.* (Vendu 256 fr.)

COYPEL (Noel).

25. — La Charité romaine. Ce tableau, connu par la gravure de Danzel, est un des meilleurs ouvrages de ce maître. *T., l.* 24 *p., h.* 30 *p.* (Vendu 71 fr.)

WATTEAU.

26. — Un Paysage où se trouve une tente sous laquelle on voit des comédiens et comédiennes jouant une scène française. Tableau gravé par Dupin. *B., l.* 8 *p., h.* 6 *p.* (Vendu 124 fr.)

PAR LE MÊME.

27. — Dans un Paysage, on voit un homme assis sur un banc, à l'ombre d'un arbre, jouant de la guitare; près de lui, une jeune fille cachée dans le bois le regarde. Tableau gravé par Aveline. *B.*, *l.* 7 *p.*, *h.* 8 *p.* *Ovale.* (Vendu 41 fr. 5o c.)

BOUCHER.

28. — Un des meilleurs Paysages de ce maître, orné de figures. *T.*, *l.* 22 *p.*, *h.* 18 *p.* (Vendu 22 fr.)

VANLOO (Carle).

29. — La sainte Vierge contemple de l'air le plus tendre l'Enfant Jésus sur ses genoux; plusieurs bergers sont prosternés aux pieds du Sauveur, dont la lumière éclaire une gloire d'anges; saint Joseph est à peu de distance; on distingue le bœuf et l'âne dans l'étable. Sur la gauche, on entrevoit une rotonde. Ce tableau, largement peint, savant d'exécution et bien éclairé, fut vendu à la vente Rendon de Boisset 3,200 francs: il est gravé par Laurent Cars. *T.*, *l.* 28 *p.*, *h.* 26 *p.* (Vendu 100 fr.)

CHARDIN.

3o. — Deux petits tableaux représentant deux enfants, dont un debout et l'autre assis. *B.*, *l.* 6 *p.*, *h.* 3 *p.* (Vendu 36 fr.)

II

VENTES PUBLIQUES

Aux enchères,

Faites à l'hôtel des commissaires-priseurs de Paris, de 1861 à 1874.

TABLEAUX ANCIENS ET TABLEAUX MODERNES

(*Extraits de catalogues.*)

COLLECTION GUSTAVE COUTEAUX (1).

Teniers (David) le fils. — Cuisine de l'archiduc Léopold au dix-septième siècle. (Vendu 13,300 fr.)

COLLECTION HERMANN DE KAT (2).

Wouwerman (Philip.). — Le Débarcadère. Signé à droite du monogramme : Ph. W. Collection Van Ouryk. *B., h.* 41 *c., l.* 35 *c.* Décrit au catalogue raisonné de Smith, vol. 1, page 240, n° 135. Vendu en 1794, 22,600 assignats. — (Vendu 20,000 fr.) (3).

(1) Vente à Bruxelles, 22 mars 1865.
(2) Vente à Paris, 28 mai 1866.
(3) Voir au catalogue Robert de Saint-Victor, n° 14 (Philippe Wouwerman), et comparer le prix.

COLLECTION DU COMTE DE SCHONBORN (1).

Wouwerman (Philip.). — L'Hôtellerie. *T., h.* 65 *c.,*
l. 80 *c.* (Vendu 65,500 fr.)

Dow (Gérard). — La Marchande de poisson. Signé sur
l'appui de la fenêtre : G. Douw *(sic)*, 1651. Smith
(nº 24) décrit un G. Dow presque pareil, comme
étant en 1750 dans la collection du comte de Brühl
et ayant été gravé par Moitte. *B., h.* 45 *c., l.* 37 *c.*
Cintré en haut. (Vendu 42,000 fr.) (2).

Metʒu (Gabriel). — La Lettre. 45 *c.* de *h.* et 40 *c.* de
l. (Vendu 45,500 fr.) (3).

Durer (Albert). — Portrait du sénateur Muffel, de
Nürnberg. *B., h.* 48 *c., l.* 37 *c.* (Vendu 75,000 fr.) (4).

SUCCESSION DE M. BLIN (1874).

Ostade (Adriaan Van). — Fête dans l'intérieur d'une
chaumière rustique. (Vendu 76,000 fr.)

(1) Vente à Paris, 17-24 mai 1867.
(2) Voir le nº 15 de la collection Robert de Saint-Victor
(Gérard Dow).
(3) Voir le nº 13 du catalogue Robert de Saint-Victor
(Gabriel Metzu).
(4) Voir au catalogue Robert de Saint-Victor, nº 6 (Albert
Durer).

VENTE DES TABLEAUX DE M. DECAMPS, FAITE A PARIS LES 29 ET 30 AVRIL 1861.

Tableaux.

Le bon Samaritain. Figures de 21 c. *T.*, *h.* 93 *c.*, *l.* 74 *c.* (Vendu 23,600 fr.)

DU MÊME.

Josué arrêtant le soleil. Figures de 27 *c.* Pastel et fusain. *H.* 65 *c.*, *l.* 1 *m.* 92 *c.* (Vendu 13,500 fr.)

COLLECTION DEMIDOFF (1).

Decamps. — Samson combattant les Philistins. *T.*, *h.* 82 *c.*, *l.* 1 *m.* 20 *c.* (Vendu 45,000 fr.)

Ingres. — Stratonice. *T.*, *h.* 59 *c.*, *l.* 98 *c.* (Vendu 92,000 fr.)

VENTE DEMIDOFF (2).

Rosa Bonheur. — Chevreuils dans un fourré. *H.* 18 *c.*, *l.* 24 *c.* (Vendu 7,520 fr.)

COLLECTION DE MORNY (3).

Brown (Mme Henriette). — Le Catéchisme (1857). *H.* 52 *c.*, *l.* 45 *c.* (Vendu 16,000 fr. à Mme de Morny.)

Comte. — Je   ne Grey (1857). *H.* 81 *c.*, *l.* 1 *m.* (Vendu 7,200 fr. à M. Lebrun.)

(1) Vente à Paris, 26 février 1863.
(2) Vente à Paris, 13-16 janvier 1863.
(3) Vente à Paris, 31 mai 1865.

Calame. — Environs de Rosenlaïn (1860). *H.* 80 *c.*, *l.* 65 *c.* (Vendu 8,5oo fr. au marquis d'Hertford.)

Desgoffe (*Blaise*). — Objet d'art (1859). *H.* 67 *c.*, *l.* 33 *c.* (Vendu 3,1oo fr.)

Meissonier. — Les Bravi (1852). *H.* 37 *c.*, *l.* 29 *c.*, (Vendu 28,700 fr. au marquis d'Hertford.)

VENTE DES TABLEAUX D'EUGÈNE DELACROIX, FAITE A PARIS LE 11 FÉVRIER 1865.

Tableaux.

Guillaume de La Marck, surnommé le Sanglier des Ardennes (Assassinat de l'évêque de Liége). *H.* 90 *c.*, *l.* 1 *m.* 18 *c.* (Vendu 35,ooo fr.)
Ce tableau fut payé 1,5oo francs à Delacroix par le duc d'Orléans.

VENTE AUX ENCHÈRES DES TABLEAUX DE M. H. FLANDRIN, FAITE A PARIS LES 15, 16 ET 17 MAI 1865.

Figure de la République. Tableau ayant obtenu le prix au concours en 1848. (Vendu 1,720 fr.)

COLLECTION PAUL VAN CUYCK (1).

Poussin (*Nicolas*). — Vénus apparaissant à Énée. Portée par trois Amours, elle lui montre les armes divines suspendues à un arbre. (Collection du

(1) Vendu à Paris, 7 février 1866.

prince *de Carignan*, de *M. Robit* et de *Simon Clacke*.) Vente de lord *Northwick*. H. 1 m. 10 c., l. 1 m. 45 c. (Vendu 7,000 fr.) (1).

COLLECTION GUSTAVE COUTEAUX.

Géricault. — Études de croupes d'après nature. (Vendu 9,000 fr.)

Leys (*Henri*). — Convives se rendant à une fête. — (Vendu 18,000 fr.)

Le même. — L'Entrée en ville. (15,000 fr.)

Le même. — L'Arrivée à destination. (7,000 fr.)

Le même. — La Réception. (6,800 fr.)

Le même. — Les Apprêts du festin. (6,100 fr.)

Ces cinq peintures sont la reproduction des fresques que l'artiste a exécutées à Anvers, dans sa salle à manger.

VENTE AUX ENCHÈRES DE LA COLLECTION DE TABLEAUX DE L'ÉCOLE FRANÇAISE DE M. BOITTELLE, SÉNATEUR, FAITE A PARIS LES 24 ET 25 AVRIL 1866.

David (*Louis*). — Portrait de Mme de Montgiraud. T., h. 1 m. 82 c., l. 1 m. 23 c. (Vendu 7,900 fr.)

COLLECTION HERMAN DE KAT.

Meissonier. — La Sentinelle. Soldat du temps de

______

(1) Voir le n° 22 de la vente Robert de Saint-Victor (Poussin).

Henri III, appuyé contre la muraille et tenant de la main gauche sa hallebarde. *B., h.* 25 *c., l.* 15 *c.* (Vendu 9,450 fr.)

Isabey (Eug.). La Présentation. *T., h.* 63 *c., l.* 90 *c.* (Vendu 5,300 fr.)

COLLECTION MAYER, DE VIENNE (1).

Gérôme. — Phryné devant le tribunal. Daté 1861. *H.* 80 *c., l.* 1 *m.* 27 *c.* (Vendu 29,500 fr.)

Knaus. — Le Départ pour la danse. Daté 1863. *H.* 1 *m.* 15 *c., l.* 1 *m.* 83 *c.* (Vendu 17,800 fr.)

Willems. — La Visite à l'accouchée. Salon de 1865. *H.* 64 *c., l.* 99 *c.* (Vendu 12,700 fr.)

COLLECTION KHALIL-BEY (2).

Courbet (Gustave). Hallali de chevreuil. Une Biche forcée expire sur la neige (Jura). Salon de 1857. Signé : G. COURBET. *T., h.* 91 *c., l.* 1 *m.* 50 *c.* (Vendu 4,000 fr.)

Du même. — Le Renard. Effet de neige. Signé en bas, à gauche : G. COURBET. Pendant de la Biche forcée. *T., h.* 86 *c., l.* 1 *m.* 28 *c.* (Vendu 3,400 fr.)

Du même. — La jeune Baigneuse. Un jour d'été que tout était lumière... (VICTOR HUGO). Signé à gauche : G. COURBET. *T., h.* 1 *m.* 28 *c., l.* 96 *c.* (Vendu 3,700 fr.)

(1) Vente à Paris, 27-28 avril 1866.
(2) Vente à Paris, 16 janvier 1868.

Boucher (François). — La Toilette de Vénus. T.,
h. 1 m. 26 c., l. 1 m. 46 c. (Vendu 23,000 fr.)

Fragonard (Honoré). — La Fontaine d'amour. Composition gravée par Regnault. Collection Nicolas de
Démidoff. T., h. 63 c., l. 57 c. (Vendu 31,500 fr., à
lord Lyons.)

Greuze (Jean-Baptiste).— Les Œufs cassés. Ce tableau,
daté 1756, a été gravé par Moitte. Collection Nicolas de Démidoff. T., h. 73 c., l. 94 c. (Vendu
126.000 fr., pour M. Adolphe Rothschild.)

Du même. — Le Geste napolitain. Ce tableau, daté
1787, a été gravé par Moutte. Collection Nicolas
de Démidoff. T., h. 73 c., l. 94 c. (Vendu 53,000 fr.)

Du même. — Flore. Collection Nicolas de Démidoff.
T., h. 1 m., l. 80 c. (Vendu 18,000 fr.)

Du même. — Le Favori. Collection Nicolas de Démidoff. T., h. 59 c., l. 50 c. (Vendu 60,000 fr.)

Du même.— Bacchante. A fait partie du cabinet du roi
Stanislas de Pologne. Collection Nicolas de Démidoff. T., h. 45 c., l. 38 c. (Vendu 58,000 fr.)

Du même.— La Petite Fille au chien. T., h. 44 c.,
l. 35 c. (Vendu 89,000 fr., à M. Philippi.)

(1) Vente faite à Paris, du 21 février au 11 mars 1870.

Greuze (Jean-Baptiste). — Le Matin. *B., h.* 45 *c.,*
l. 36 *c.* (Vendu 77,000, au musée d'Angleterre.)

Bonington. — Henri IV et l'ambassadeur d'Espagne.
(Vendu 83,000 fr.)

Ary Scheffer. — François de Rimini. (Vendu 100,000
fr., pour la famille d'Orléans.)

Paul Delaroche. — La Mort de Jane Grey. (Vendu
110,000 fr., pour lord Lyons.)

COLLECTION EDWARDS (1).

Decamps. — Le Christ et le Centenier. *T., h.* 42 *c.,*
l. 1 *m.* 05 *c.* (Vendu 25,200 fr.)

Delacroix (Eugène). — L'Amende honorable. *T.,*
h. 1 *m.* 30 *c., l.* 1 *m.* 62 *c.* (Vendu 47,000 fr.)

Rousseau (Théodore). — Après la pluie (site du Berry).
T., h. 80 *c., l.* 1 *m.* (Vendu 39,000 fr.)

COLLECTION R. SZARVADY (2).

Corot. — Environs d'Arras. *T., h.* 90 *c., l.* 1 *m.* 15 *c.*
(Vendu 11,000 fr.)

COLLECTION STANISLAS BARON (3).

Chintreuil. — La Campagne le matin. *T., h.* 1 *m.* 30 *c.,*
l. 80 *c.* (Vendu 5,500 fr.)

(1) Vente à Paris, 1870.
(2) Vente à Paris, 1874.
(3) Vente à Paris, 1871.

Diaz (Narcisse). — Sainte Famille. *H.* 54 *c.*, *l.* 46 *c.* (Vendu 9,700 fr.).

Schreyer. — La Mort du chef. *H.* 1 *m.* 20 *c.*, *l.* 2 *m.* (Vendu 11,000 fr.)

Fromentin.—Caravane au repos. *H.* 44 *c.*, *l.* 1 *m.* 05 *c.* (Vendu 11,000 fr.)

Jules Dupré. — Paysage. *H.* 85 *c.*, *l.* 1 *m.* 11 *c.* (Vendu 13,000 fr.)

Brascassat.— Taureau menaçant un chien. *H.* 1 *m.* 25, *l.* 1 *m.* 62 *c.* (Vendu 19,500 fr.)

Robert-Fleury. — Le Sac de Rome en 1527. *H.* 1 *m.*, *l.* 1 *m.* 45 *c.* (Vendu 15,000 fr.)

COLLECTION DE LA ROCHEB.... (1).

Constable, R. A. (John). — Le Cottage. *T.*, *h.* 52 *c.*, *l.* 42 *c.* (Vendu 24,500 fr.)

Du même. — La Baie de Weymouth à l'approche de l'orage. *T.*, *h.* 88 *c.*, *l.* 1 *m.* 12 *c.* (1827). (Vendu 56,600 fr.)

Crome le jeune (John Barnay). — Près de Norwich, la nuit. *T.*, *h.* 75 *c.*, *l.* 63 *c.* (1824). (Vendu 21,000 fr.)

Reynolds, P. R. A. (sir Joshna). — Portrait de sir

(1) Vente à Paris, les 5-8 mai 1873.

George Yonge, G. C. B. *T.*, *h.* 75 *c.*, *l.* 63 *c.* (Vendu 6,000 fr.)

COLLECTION FAURE (1).

Delacroix (Eugène). — Les deux Foscari. *T.*, *h.* 93 *c.*, *l.* 1 *m.* 30 *c.* (1855). (Vendu 79,500 fr.)

Du même. — Le Christ au tombeau. *T.*, *h.* 1 *m.* 63 *c.*, *l.* 1 *m.* 31 *c.* (1848). (Vendu 60,000 fr.)

Dupré (Jules). — Grand Pacage du Limousin. *T.*, *h.* 99 *c.*, *l.* 1 *m.* 34 *c.* (Vendu 38,100 fr.)

Hébert (Ernest). — La Danse. *T.*, *h.* 66 *c.*, *l.* 45 *c.* (Vendu 8,000 fr.)

Millet (François). — Un Bout de village de Greville. *T.*, *h.* 81 *c.*, *l.* 1 *m.* (Vendu 20,800 fr.)

Ribot (E.-D.). — Cimabué et Giotto. *T.*, *h.* 74 *c.*, *l.* 74 *c.* (Vendu 2,150 fr.)

Roybet (F.). — Une Bohémienne. *T.*, *h.* 153 *c.*, *l.* 97 *c.* (Vendu 12,100 fr.)

COLLECTION WILSON (2).

Delacroix (Eugène). — Sardanapale. (Vendu 96,000 fr. à M. Durand-Ruel.)

Dupré (Jules). — Environs de Southampton. (Vendu 42,000 fr. à M. Durand-Ruel.)

(1) **Vente à Paris, le 7 juin 1873.**
(2) **Vente à Paris, 21 mars 1873.**

Chardin. — La Marmite de cuivre. *H.* 31 *c.*, *l.* 40 *c.* (Vendu 4,550 fr.) (2).

Corot. — Nymphes et Faunes. *H.* 96 *c.*, *l.* 1 *m.* 28 *c.* (Vendu 23,000 fr.)

Diaz. — Une Eclaircie dans la forêt de Fontainebleau. *H.* 82 *c.*, *l.* 104 *c.* (Vendu 25,700 fr.)

Fromentin. — La Fantasia. *H.* 1 *m.* 02 *c.*, *l.* 1 *m.* 43 *c.* (Vendu 40,500 fr.)

Meissonier. — Le Joueur de guitare. *H.* 24 *c.*, *l.* 17 *c.* (Vendu 37.000 fr.)

Marilhat. — L'Enfant prodigue. *H.* 65 *c.*, *l.* 99 *c.* (Vendu 30,500 fr.)

Millet (François). — Jeune Femme à la lampe. *H.* 1 *m.*, *l.* 81 *c.* (Vendu 38,500 fr.)

Ziem. — Vue de Stamboul. *H.* 85 *c.*, *l.* 116 *c.* (Vendu 12,000 fr.)

Rousseau (Th.). — Le Givre (hauteurs de Valmondois, près de l'Isle-Adam), 1845. A appartenu aux collections Paul Perrier, Troyon et Bocquet. *H.* 62 *c.*, *l.* 97 *c.* (Vendu 60,100 fr.)

Du même. — Le vieux Dormoir du Bas-Bréau (forêt de Fontainebleau), 1836-1837. Conservé par Rous-

(1) Vente à Paris, 1873.
(2) Voir le n° 30 de la collection Robert de Saint-Victor (Chardin).

seau jusqu'en 1867; a appartenu à M. Probasco.
H. 65 *c.*, *l.* 103 *c.* (Vendu 36,000 fr.)

Rousseau (Th.). — Les Bûcheronnes (plateau de Belle-
Croix, forêt de Fontainebleau), 1837. Conservé par
Rousseau jusqu'en 1867. A figuré dans la vente
Edwards. *H.* 65 *c.*, *l.* 1 *m.* 02 *c.* (Vendu 36,000 fr.)

Du même. — Métairie sur les bords de l'Oise. A appartenu à la collection du prince d'Aquila. Gravé
par Bracquemond en 1868, pour la *Gazette des
beaux-arts. H.* 41 *c.*, *l.* 63 *c.* (Vendu 38,200 fr.)

Du même. — Cours d'eau dans la Sologne (près de Ro-
morantin). A appartenu à la collection Khalil-Bey.
H. 37 *c.*, *l.* 55 *c.* (Vendu 40,000 fr.)

Troyon. — Berger et Moutons. Signé : 1857. *H.* 37 *c.*,
l. 57 *c.* (Vendu 41,700 fr.)

Du même. — Le Gué. A appartenu à la collection
Baroilhet, à celle du prince Napoléon, à celle
du prince d'Aquila. *H.* 30 *c.*, *l.* 59 *c.* (Vendu
62,000 fr.) (1).

TABLEAUX ANGLAIS

Constable, R. A. (John). — La Tamise. *T.*, *h.* 83 *c.*,
l. 1 *m.* 25 *c.* (Vendu 27,000 fr.)

---

(1) Une lecture attentive des catalogues d'art amènera à
distinguer les ventes sérieuses des ventes fictives, destinées à
donner une plus-value commerciale à tel ou tel peintre, les
ventes des galeries de MM. les amateurs faisant commerce.

Crome (John - Bernay). — Clair de lune. (Vendu 11,700 fr.)

Ladbrooke (Robert). — Les Bruyères de House-Hold. *T., h.* 68 *c., l.* 1 *m.* (Vendu 19,000 fr.)

Turner, R. A. (Joseph-William). Esquisse. (Vendu 6,600 fr.) (1).

En feuilletant le catalogue de la collection Le Carpentier, j'ai trouvé la mise en vente et l'achat d'un curieux objet d'art :

Poire d'angoisse : sorte de bâillon en fer forgé, enrichi d'ornements finement gravés. Travail du xvie siècle. (Vendu 5o5 fr.)

(1) Vente à Paris, 1874. — On remarquera le prix élevé atteint à Paris par des paysagistes anglais. (Voir la collection de La Rocheb...., page 158.)

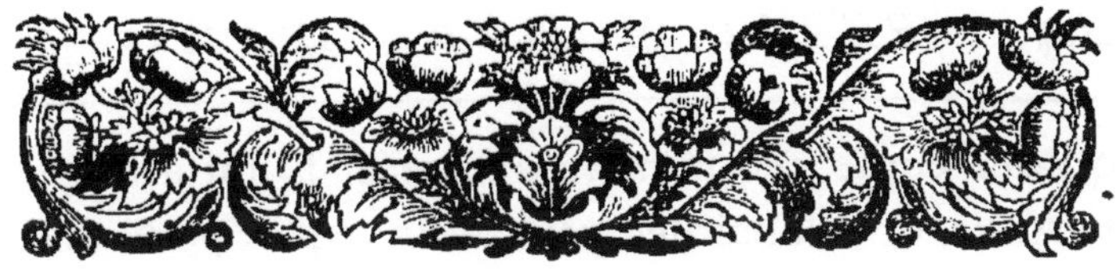

CHAPITRE XVIII

DOCUMENTS INSTRUCTIFS

I

Les faits suivants se passaient vers le milieu de l'année 1856 :

« M. L... possédait une petite toile attribuée à Rembrandt; il chargea un sieur D..., courtier en objets d'art, d'en opérer la vente. D... garda ce tableau très-longtemps, sous prétexte qu'il ne trouvait pas d'occasion favorable. Cela dura tant, que M. L..., impatienté, redemanda son tableau, qui lui fut rendu, et, malgré l'insuccès du courtier, il crut devoir lui donner une gratification.

« Peu après, M. L... fit voir sa toile à un expert. Il ne fut pas peu surpris d'apprendre que ce n'était qu'une copie récemment exécutée. L'imitation était parfaite, et il fallait les yeux d'un expert pour découvrir la fraude. En effet, les gerçures produites par le temps dans la pâte de la couleur avaient été admirablement imitées; on avait même reproduit les incrustations de crasse et les taches faites par les mouches, ce qu'on trouve si souvent sur les anciens tableaux. Il n'est peut-être pas inutile de dire ici comment les fabricants de vieux tableaux imitent les taches de mouches ; ils se servent pour cela d'une petite brosse plate qu'ils trempent dans une eau légèrement gommée et teinte avec de la sépia ou de l'encre de Chine ; puis, plaçant cette brosse à quelques pouces du tableau, ils en agitent les poils avec le doigt ; le liquide qu'elle contient rejaillit sur la peinture et imite parfaitement le pointillé des vieux tableaux.

« Il n'est pas facile de contrefaire des maîtres tels que ceux dont les œuvres ont une grande valeur; il y a cependant des artistes qui imitent assez bien ce qu'on peut appeler la partie principale du tableau, mais, le plus souvent, ils échouent dans les accessoires, dans les draperies par exemple.

« Quand dans un tableau il y a ainsi un endroit plus difficile à imiter, plutôt que de laisser paraître une partie maladroitement peinte et dessinée, on la couvre d'une sorte de tache à laquelle on a donné le nom de *chanci*. Voici comment on obtient cette tache : on frotte avec un linge mouillé les parties du tableau que l'on veut cacher. L'humidité qui reste et qu'on laisse séjourner sur le vernis ne tarde pas à faire pousser une légère moisissure, qui, vue à la loupe, montre des milliers de très-petits champignons. C'est cette moisissure qu'on nomme le *chanci.*

« Or, le copiste du Rembrandt de M. L... avait caché de cette manière un défaut de la peinture, et c'est cela qui fit reconnaître la fraude à l'expert. Quant au courtier, il avait vendu l'original un prix élevé et en avait gardé la valeur. Recherché par la police, il a a été mis en arrestation. » (Octobre 1866, *Revue universelle des arts.*)

II

Extrait d'un journal judiciaire.

Autre incident :

Le tribunal rend un jugement longuement motivé par lequel il reconnaît que la vente du 19 août 1845, faite en apparence à S..., l'a été en réalité à B..., lequel, en sa qualité de commissaire-priseur, ne pouvait ni directement ni par personne interposée se rendre valablement adjudicataire d'objets mobiliers dont la vente lui avait été confiée par justice.

Il déclare C... propriétaire des quatre tableaux, et l'admet, en conséquence, à réclamer, à défaut de ces tableaux, une indemnité des héritiers de B...

Et estimant, d'après les documents du procès, la valeur des toiles vendues, en fixe la valeur à 3,400 fr., somme égale à celle dont les héritiers de B... sont créanciers de C..., compense dès à présent les deux créances.

Ordonne que le tableau désigné sous le titre de : *Martyre de saint André*, sera restitué à C...

Et condamne les héritiers B... aux dépens.

26 novembre 1858. — M. Benoît-Champy, président. — MM. de Chezelle et Frémart, avocats.

On le voit, il y en a qui « se fâchent ». Je suis, moi, d'une famille où l'on ne se fâche pas. Mon vieux cousin Tonnerieux n'a qu'une coquetterie : il aime les foulards éclatants; le rouge vif et le jaune clair y dominent; les beaux foulards! Mon cousin Tonnerieux met son foulard dans la poche de derrière de sa longue redingote; bien souvent un coin du foulard passe, tente, et voilà le beau foulard enlevé. Le cousin Tonnerieux ne se fâche pas, mais cela lui donne à penser. Un jour de grande fête à l'église, le dernier jour de Pâques, le cousin Tonnerieux était à Notre-

Dame, en prière, quand il s'aperçut qu'on tirait doucement sur le foulard ; le cousin Tonnerieux toussa ; on cessa de tirer, on cessa un moment ; bientôt on fit un nouvel essai ; le foulard résistait ; on tirait prudemment en prenant des temps ; le cousin Tonnerieux, la prière terminée, sans se fâcher, se retourna à demi, et sans lever les yeux dit : Il est cousu.

III

Qu'est-ce qu'un critique ? — M. Taine, professeur d'esthétique à l'Ecole des beaux-arts, et le peintre Hugues Martin.

Le jeune M. Lagouette m'avait fait cette question : Qu'est-ce qu'un critique ?

Je lui avais répondu : C'est un personnage. Il donne pour des qualités rares les défauts qu'il se reconnaît, et signale comme des défauts abominables les qualités qui lui manquent.

Le peintre Hugues Martin a reçu cette lettre de M. H. Taine :

Monsieur,

Une personne qui aime la peinture et qui, par conséquent, admire beaucoup votre talent, voudrait savoir si la *lisière de forêt* que vous avez exposée cette année, nᵒ 1666, est encore à vendre, et à quel prix vous consentiriez à la céder. Veuillez, je vous prie, excuser cette dernière question, en considérant qu'on peut à la fois goûter vivement le beau et n'avoir qu'une bourse médiocrement fournie.

H. Taine.

Puis cette deuxième lettre :

Monsieur,

J'accepte avec le plus grand plaisir le tableau au prix que vous voulez bien m'indiquer. Il me donnera du soleil cet hiver. J'aurais plaisir à vous dire de vive voix combien de fois, dans la forêt de Fontainebleau, j'ai senti la richesse et la vitalité de la nature que vous avez si bien rendue.

H. Taine.

Pensez du bien, ô Lagouette, des tableaux jugés excellents par messieurs les critiques d'art ; surtout pensez du bien des tableaux qu'ils achètent.

IV

Propos d'artistes.

Un sculpteur m'a dit : Ma barbe blanchit, et
je commence seulement à comprendre l'*Apollon du Belvédère.* Ç'a a l'air rond. Ah ! bien
oui, rond ! Dans mon atelier, le soir, j'éclaire
l'*Apollon*, et tout cela se lie, se fond, se modèle. Je suis pour la *Vénus de Médicis ;* je ne
fais pas le dédaigneux : oui, malgré ses vilains
bras, je suis pour elle ; les plus beaux pieds
connus sont ceux de la *Vénus de Médicis.*
L'*Achille* est trop beau, il ne pousse pas à
travailler, il décourage ; le *Discobole* est du
même art ; le *Germanicus* est un autre art ;
tout est beau dans le *Germanicus*, la tête, les
pieds, les mains, tout. Parbleu oui ! au
Luxembourg aussi il y a à voir, à admirer ;
quand je reviens de là, même si je n'ai vu que
le groupe de Perraud, *le Satyre et l'Enfant,*
et l'admirable *buste d'enfant* de Crauk, je suis

content ; je dis admirable : l'accent y est, **la** note de vie, tout. Les messieurs qui viennent à l'atelier me disent poliment : La sculpture, c'est bien une autre affaire que la peinture ! Ce qu'ils disent sans le croire, je le crois et je le dis : la sculpture, c'est plus haut. Ce n'est pas aisé, ce métier-là. Parmi les nouveaux, je ne conseillerais qu'à deux hommes de revenir, Rude et David d'Angers. Faire une jolie figure, ce n'est rien. Qui est-ce qui n'a pas fait une jolie figure ? L'*Ariane* d'Aimé Millet est une jolie figure ; la *Dévideuse* de Salmson est une jolie figure ; le *Virgile* de Thomas est une jolie figure ; le *David* de Mercié est une jolie figure ; le groupe de Mercié, *Gloria victis*, est gracieux, ce n'est pas puissant ; comme morceau, le petit *David* est plus fort ; le *Fils de Spartacus* de Barrias est autre chose : là, il y a de la puissance. Ma foi, j'aime Frémiet, mais je n'aime pas sa *Jeanne d'Arc*. Oui, il connaît son cheval ; mais pourquoi choisir un cheval sans queue ni crinière ? C'est trop pittoresque pour moi. Carpeaux ne va pas en avant, mais il a bien marché. Delaplanche est solide, Falguière élégant; Degeorge est raffiné. Paul Dubois se tâte ; les reins de son *Eve* étaient fièrement bien modelés : la tête, pas faite; il faudra voir le marbre.

Enfin, ils sont là toute une bande qui va joliment bien; ça donne de la tristesse aux anciens. — Un membre de l'Institut disait avec mélancolie : Il y a vingt ans, ils me nommaient chef du jury; aujourd'hui, je suis supplémentaire; bientôt, ils ne me nommeront plus du tout.

Quelque chose de consolant lui vint : — Bah! dit-il, dans vingt ans ce sera le tour de Guillaume.

CHAPITRE XIX

VISITE A L'ATELIER D'UN SCULPTEUR

M. GUSTAVE DEBRIE.

J'avais lu dans un journal d'art :

Il y a à cette heure, perdu dans un coin de ce grand
Paris, un homme jeune encore, quoiqu'il ait beaucoup
vécu de la vie de déceptions, de luttes et de misère, et
qui, au Salon prochain, sera peut-être un triomphateur. Depuis longtemps, il travaille à la réalisation
d'une œuvre qui eût absorbé un cerveau moins bien
équilibré que le sien. Cette œuvre, l'idéal à atteindre
pour tout chercheur, vit à présent, et de la belle exis-
tence que donne un talent mûrement trempé. A notre

sens, elle est superbe, audacieuse, humaine; elle causera assurément à son apparition un étonnement. Elle soulèvera des cris d'admiration et des cris de réprobation. Elle séduira les uns, éloignera les autres, suscitera de fortes discussions. A coup sûr, elle sera. — Eugène Montrosier.

Cet artiste est le sculpteur Gustave Debrie, mon voisin; son œuvre, un groupe : le *Chien de Montargis*. J'avais vu chez l'artiste M. Léon Cogniet, M. Dumont, M. Robert Fleury, M. Tony-Robert Fleury, M. Falguière, M. Delaplanche, — déjà l'on dit : Delaplanche a-t-il quelque chose au Salon? — les jeunes peintres Gaston, Lucien Melingue, M. Melingue, M. Pipart, dont les portraits au crayon sont remarqués, M. Eugène Millet, le sculpteur Poitevin fils, M. Vetter.

Je trouvai utile de faire voir au jeune M. Lagouette un artiste au travail : cet artiste, M. Debrie. Nous entrons dans l'atelier; le groupe a reçu la dernière caresse de l'artiste : le chien mord l'homme qui se débat, l'homme est vaincu. L'artiste fait virer la selle et montre que la lumière est menée de la nuque au talon par des saillies à petite distance pour éviter les trouées d'ombre. Lagouette écoute. L'artiste a la volonté d'unir la force à la grâce; il a songé à Michel-Ange et à Jean Goujon; la grâce l'impressionne, la force le saisit; pour lui, la puissance est le don rare.

Là, pas de coquetterie : l'homme a un bras qui sort de la ligne du corps. M. Debrie n'aurait-il pas dû choisir un autre sujet : quelque beau jeune Grec jouant du pipeau ou de la double flûte? L'artiste a brisé savamment la ligne droite au poignet, au coude; il y a là une profonde connaissance de l'anatomie du corps humain.

M. Debrie s'acharne à cette œuvre depuis des années. Il a eu la joie de trouver un beau modèle dans une baraque de foire, Lagneau, dit l'*Apollon musclé*. Lagneau est venu poser chez l'artiste, puis il a entrepris une tournée triomphale dans les provinces. Un jour vint où l'artiste eut de nouveau besoin du modèle. Où était Lagneau ? Il s'était montré à Cherbourg ; le bruit en était venu jusqu'à Paris. M. Debrie écrit : « M. Lagneau, à Cherbourg (faire suivre), » et la lettre est parvenue! L'artiste est pauvre ; il paye les frais de voyage, il paye les séances : 800 fr. de modèle. Il travaille, il dépouille un chien pour en étudier la charpente. L'homme a un maillot des pieds à la ceinture ; l'artiste moule une jambe couverte d'un maillot et voit que le jeu des muscles se montre bien à travers l'étoffe.

Lagouette, intéressé, écoutait; il avait posé sa canne dans une coin de l'atelier, sa jolie petite canne.

L'artiste s'est enfermé pour oublier les maîtres, les genres à succès; il s'est mis en face de la nature, et il a fait un choix. Il n'a trouvé ni l'effort trop grand ni le fardeau trop lourd. Il a tout mis là : sa pensée, son savoir, son argent ; un insuccès serait un désastre, et il n'a pas pris de précaution contre l'insuccès.

Il a dû se passer de marbre : c'est cher, le marbre; le praticien demanderait 6,000 fr. 6,000 fr., c'est son prix ; c'est beaucoup d'argent 6,000 fr.! Il faut que le plâtre égale le marbre. Et que de douleurs! Le groupe est grand, l'atelier est petit; pour faire tourner son groupe sur la selle, l'artiste a fait une large tranchée dans le mur. Le modèle a toujours froid; il faut bourrer le poêle, — ça coûte, le bois! — et, dans cette température chauffée, remuer les pains de terre. Le mouleur veut 350 fr. Pour faire transporter ce groupe aux Champs-Élysées, il faut encore trouver de l'argent.

Le jeune M. Lagouette est étonné; il ne m'a pas une seule fois dit : Et qu'est-ce que cela lui rapportera ?

L'artiste le sait, l'œuvre d'art ne frappera que les initiés si elle est parfaite de forme seulement; il veut arrêter le public. Au point de vue de la beauté, il n'a eu qu'un but : historier une ligne, la ligne ondoyante; il a voulu être enseignant par le choix du sujet, décoratif avec la ligne historiée, tentant de toucher ainsi au but de l'art, qui est d'être décoratif et enseignant. Le côté philosophique du sujet, c'est l'homme descendu de l'état de nature, l'homme devenu cruel et puni par la bête : le chien est devenu justicier.

En quittant l'artiste, je lus ces lignes à Lagouette :

La nuit, l'œil ardent, portant haut le front et comme aspirant la gloire, il oublie les heures qui devraient être consacrées au sommeil. Cependant, ses artères battent trop violemment, il lui faut de l'air; il ouvre sa fenêtre donnant sur le toit (le peuple, dans sa naïve poésie, appelle ces croisées jours de souffrance); mais cet air, qui le rafraîchit, n'est pas pur; il a passé sur tant d'infortunes et sur tant de larmes; il lui apporte tant d'imprécations et tant de soupirs ! — DAVID (d'Angers).

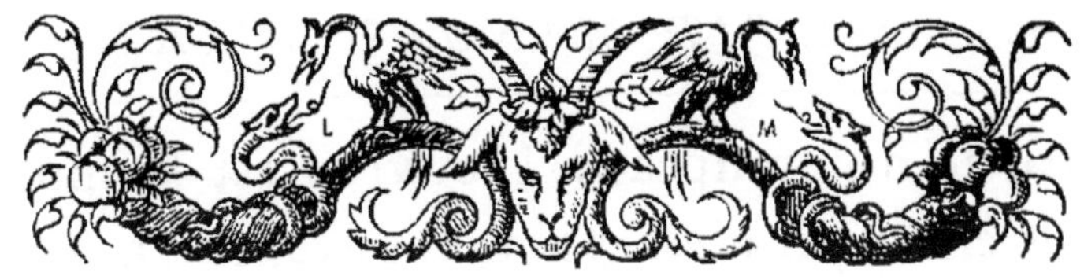

CHAPITRE XX

AUX ARTISTES

Il y a un modèle que vous dédaignez, l'ouvrier, celui que je connais, l'ouvrier des villes. L'ouvrier suffit à l'étude de toute une vie d'artiste. Le paysan ne rebute pas François Millet ; où est le François Millet de l'ouvrier ? Le paysan est courbé; le soleil jette une teinte uniforme sur toutes les faces de paysans ; l'ouvrier, lui, est pâle, ou il est rouge ; on voit sa couleur de chair. Le paysan est petit dans la campagne; les arbres sont si grands, les montagnes si hautes ! il mène les bœufs et fait partie du troupeau. L'ouvrier est le modèle de choix ; il n'est point chauve, il n'a pas de « ventre », il porte la barbe sans façon, comme elle pousse elle pousse. Il a l'air crâne, la mine résolue ; il sait se passer de feu l'hiver, de bon vin, de linge blanc ; il sait se passer d'air, de tout. Il sait « se retourner », comme il dit, et c'est bien dit. L'ouvrier pauvre vit à trois, à quatre dans dix pieds carrés ; la chambre où l'on mange est la chambre où l'on dort ; on vit près l'un de l'autre, on se prouve qu'on s'aime à chaque moment ; on se touche presque ; c'est si petit ! Céder sa place au feu chez l'ouvrier, ce n'est pas politesse seulement, c'est quelque chose de mieux, de plus. On a du plaisir ; un ami vient, un ami cossu : il apporte un pot-au-feu, un bon pot-au-feu.

On voit de ces tableaux dans les bons livres de M. Erckmann-Chatrian, dans les livres de M. Edouard Siebecker.

Il y a de ces tableaux dans les livres de M. Eugène Muller : le ton mesuré, le tour simple, des pages bonnes à être lues le soir, le travail fait, entre braves gens.

La *Saint-François* de Mme Amélie Perronet est un de ces tableaux-là : l'honnêteté des gens aimables et de la malice ; c'est le beau côté du féminin, la tendresse.

Quelques tableaux, le petit nombre, montrent l'ouvrier, oui, le forgeron dans l'atelier, à cause de l'effet pittoresque du feu de la forge. Le maréchal ferrant sous le hangar, pour la croupe luisante des chevaux... ça, l'ouvrier !

Que l'ouvrier est naïf ! J'étais chez mon voisin le graveur ; il y entre une jolie ouvrière, mais jolie !... Elle apporte une bague et demande que l'on grave deux lettres, sa lettre « à lui », sa lettre « à elle », à elle la jolie fille. — Comment ? demande le graveur. — Enlacées... monsieur.

Le joli tableau !

L'ouvrier est « sur ses fins » : il meurt. La mort de l'ouvrier dans la pièce unique, c'est ça qui est triste ; il faut manger là tout près du mort, et quand on l'ensevelit, on fait aller la femme sur le palier. La couverture est de grosse toile ; la femme ne s'en aperçoit que depuis qu'il est mort ; elle la change, elle veut qu'il ne manque de rien ; elle fait de la dépense à l'église, elle veut qu'on dise : C'était très-bien.

Et il y a toujours là quelque pauvre femme pas jeune qui écoute ce que dit la veuve : « Il était si fort, si bon ouvrier ! » Cette pauvre femme, une voisine, quel tableau !

— Hum ! l'ouvrier, ça ne se vendrait pas.

— Ça se vendrait ; le paysan se vend bien !

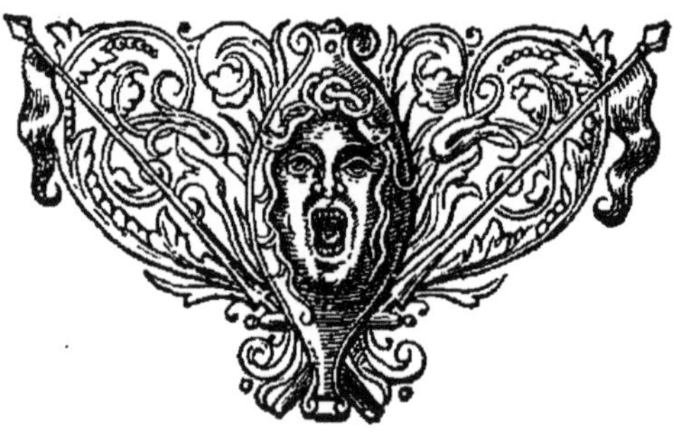

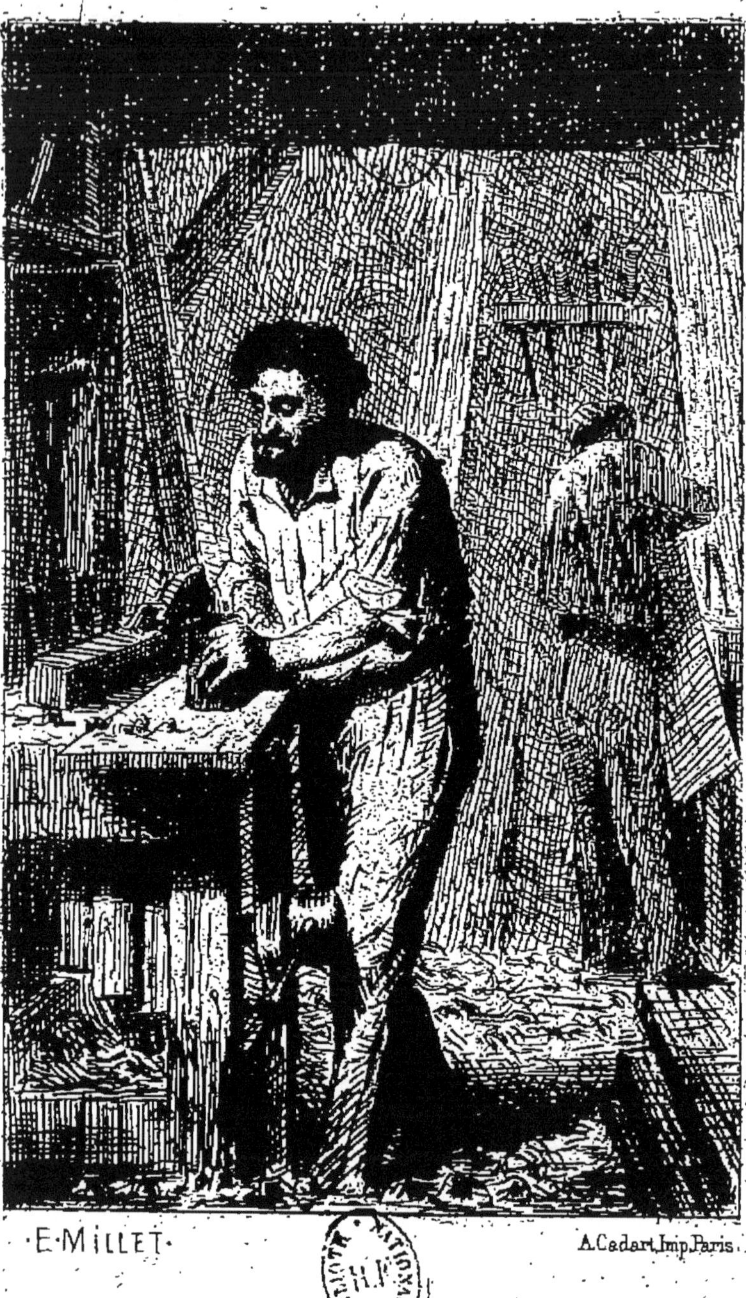

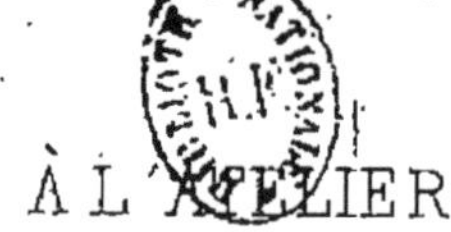

E. MILLET.
A. Cadart, Imp. Paris.
À L'ATELIER.

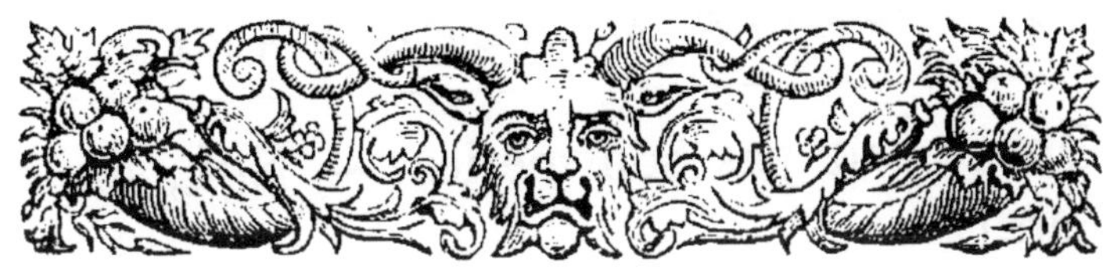

CHAPITRE XXI

L'OUVRIER A L'ATELIER

Il prend la bonne position, celle qui laisse toute la force; le pied porte bien d'aplomb; il s'assoit sur les hanches, et hop! Il travaille de l'avant-bras; il tient l'outil d'une main légère, mais solidement; un outil qui échappe à l'ouvrier, est-ce que ça se voit, ça! Dans ses yeux il y a quelque chose qui dit : Attention là, ouvrons l'œil, ajustons, encore un coup de rabot, gare à ce nœud! un coup de ciseau, serrons la vis, plus que ça, ça y est!

Et il se paye par de petits mots doux :

— C'est mal fait ! — On est mala droit ! —

On ne sait pas son métier ! — Non, on est
bête !

Et il reprend :

— Tiens, si on me mettait tout de même à
5 fr. 5o ! Oui, compte dessus ! on ne sait pas !
on verra.

Il y a l'atelier où la vapeur fait tout mar-
cher ; les accidents arrivent. J'ai vu ça. Un
ouvrier atteint par un volant tombe, le crâne
ouvert ; il râle. Le médecin arrive, le prêtre,
le commissaire. Le patron explique : il s'est
trop approché... il avait des sabots... il a
glissé...

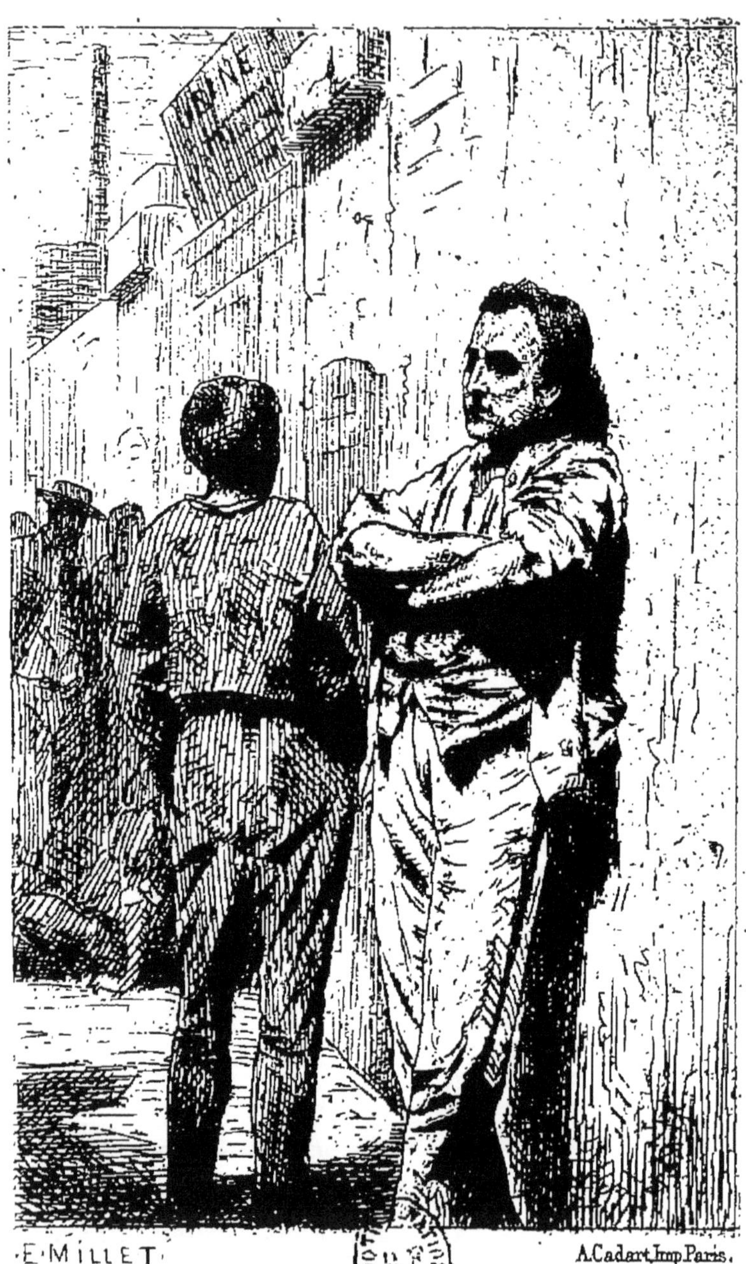

E. MILLET

A. Cadart Imp. Paris.

AU REPOS.

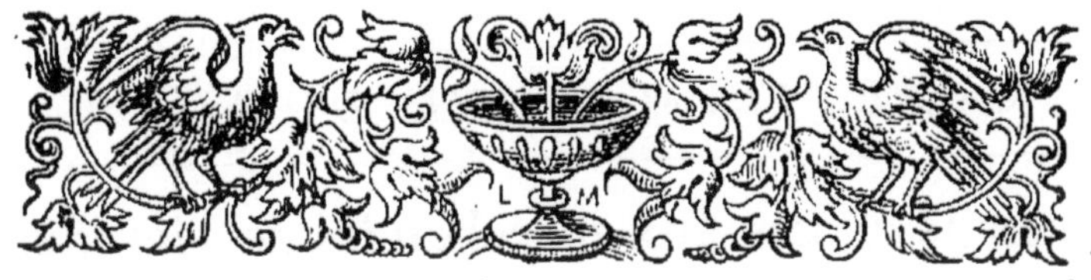

CHAPITRE XXII

L'OUVRIER AU REPOS

Le déjeuner est pris, la chopine, la portion
et le fromage ; on peut rire ; le pain coûte tout
près de vingt sols les quatre livres : ça rend
l'ouvrier sérieux quand il mange. Il regarde
passer les militaires gradés, les voitures, les
belles filles. Celles qui passent tout près, on
leur parle ; ça les fait rougir, ça les amuse de
rougir. Ils sont coquets ; il y en a un qui a la
poitrine velue et qui laisse exprès la chemise
ouverte ; vaniteux ! Un autre ouvrier est fier
de son biceps : il le fait saillir. On regarde
passer les jolis commis à moustache ; on dit

un tas de choses aux marchandes de légumes qui poussent la voiture. Et puis il y a des vaillantises d'homme fort : Je le prendrais d'une main...

On se raconte ceci, cela : Pierre enlève le gros marteau, Jean enlève le billot... Je fais plus fort que ça.

On cite celui qui boit le plus, on parle du grand Jacques qui en sait de bonnes, de la grosse voix de Louis.

Le coup de cloche !

— Allons, rentrons. La gueuse, elle sonne. A bas la pipe ! Le vin est bon chez Taupin. Il faut y mettre seize sous ; mais il est bon.

On rentre.

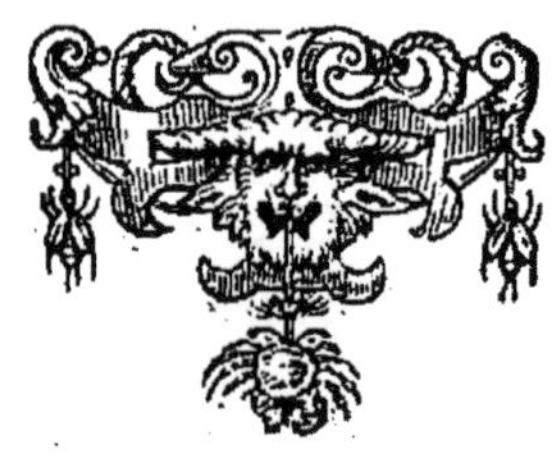

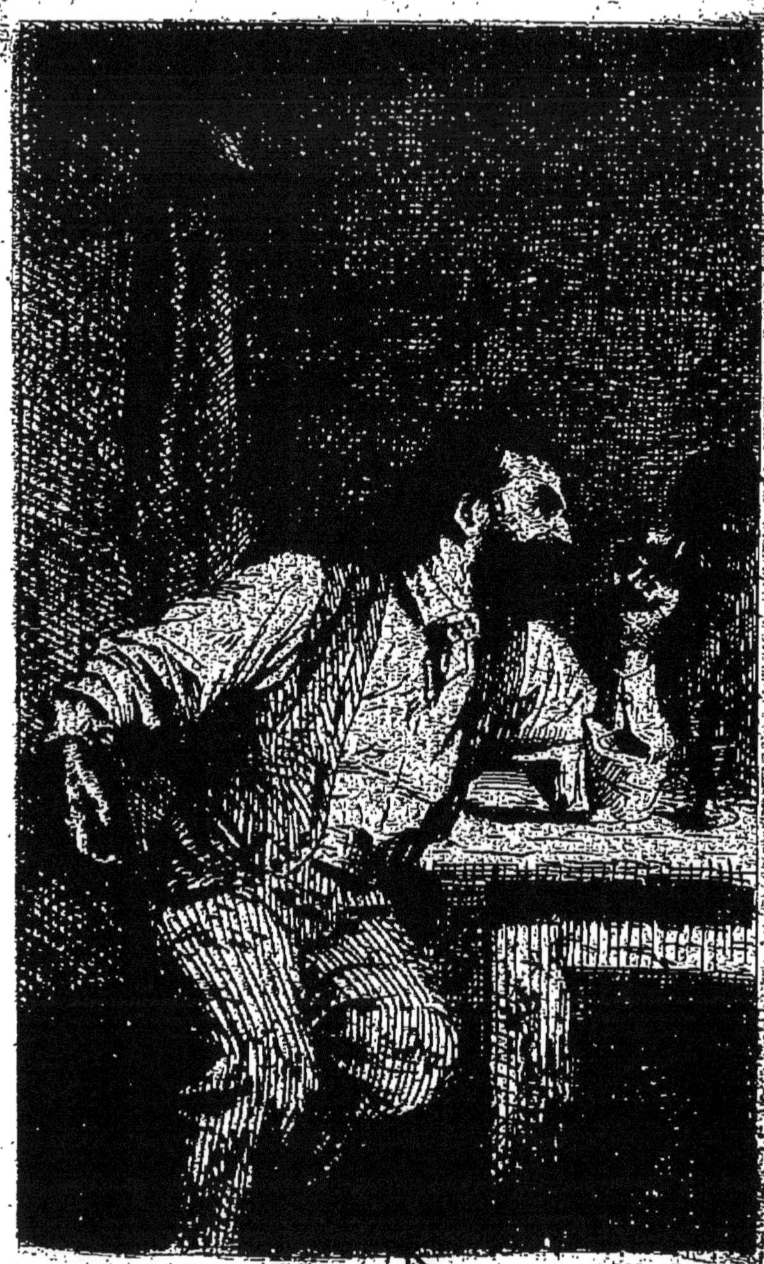

BUVANT BOUTEILLE.

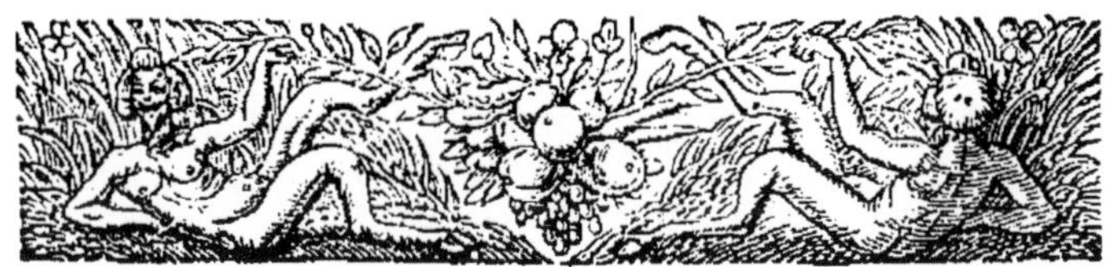

CHAPITRE XXIII

L'OUVRIER BUVANT BOUTEILLE

Garçon, deux verres ! — Le marteau est lourd. — Ce patron est raide. — Il y a du chômage. — Les cafards ont le bon ouvrage. — La femme est bonne femme. — C'est travailleur, économe. — Les petits sont gentils, mais tout ça crie, ça mange. — On dégage les matelas gratis, les matelas ! Ceux qui ont des matelas ne sont pas si pauvres que ça. — Je me casse. — Je n'ai plus de jambes. — Ce n'est plus ça. — On vieillit. — Et après ? — Eh bien après, après ! — Quand on ne pourra plus travailler ? — Économiser, sur quoi ? — Buvons, crédieu !

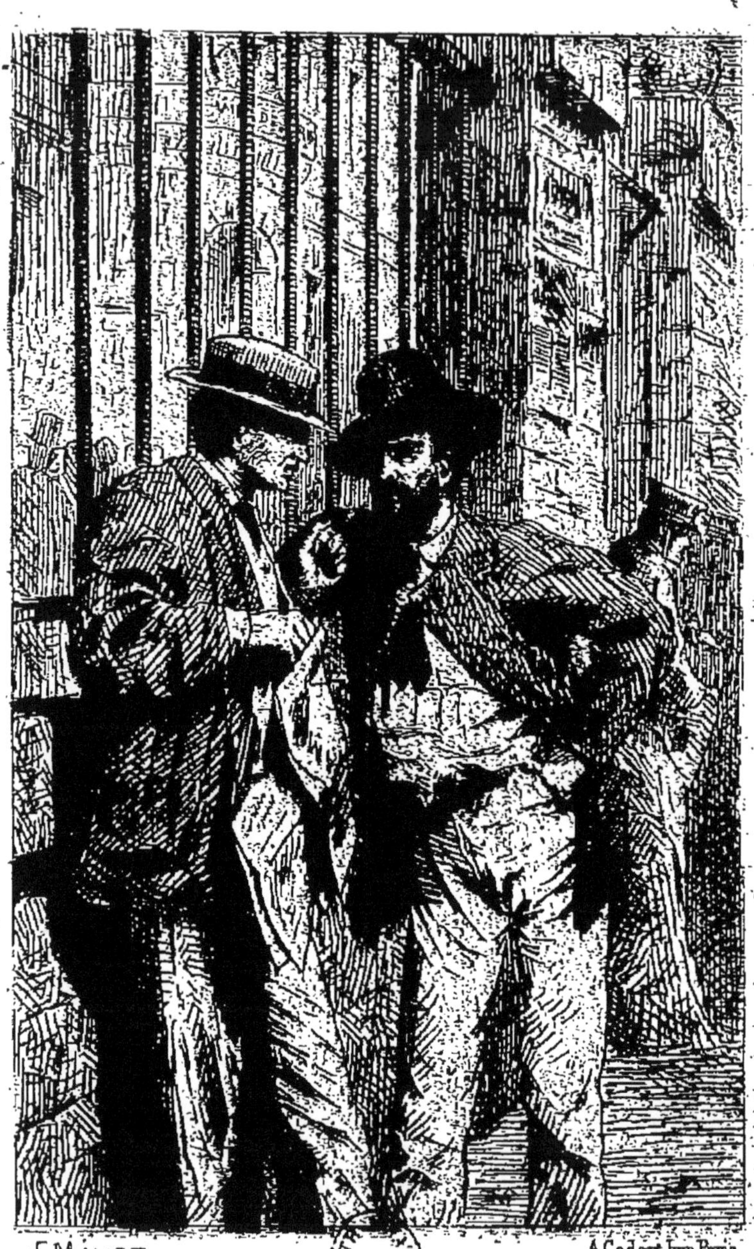

LE JOUR DU VOTE.

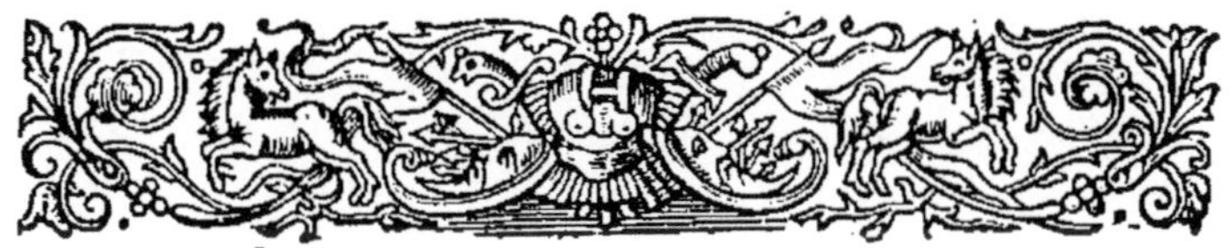

CHAPITRE XXIV

L'OUVRIER LE JOUR DU VOTE

Toute l'année on tourne la roue, on pousse la brouette; ce jour-là, on se redresse, on prend un petit air. La femme dit : — Où vas-tu ? — Je vais voter. L'ouvrier se fait raser de bonne heure, il cause avec les voisins : — Qu'en pensez-vous ? — Votre avis ? — Avez-vous confiance ? — Il faudra voir.

On parle des candidats, on s'informe. Il y en a qui ont lu des professions de foi où il y avait des choses drôles ; ils les ont retenues, ils les répètent : La République, je jure de la défendre autant qu'elle durera.

Et l'on vote.

CHAPITRE XXV

L'OUVRIER LE DIMANCHE

On s'aborde gaiement, on s'offre la main :
— Et cette cuiller ?
La cuiller, c'est la main ; et l'on rit !
On va à la campagne, on se met à l'aise, on jase, et le lendemain, tout glorieux, on peut dire : J'ai fait mes dix lieues hier, j'ai fumé huit sous de tabac.

Eugène Millet a composé une grande eau-forte : des ouvriers jouent au bouchon ; d'autres boivent ; il y en a un qui lit. Ces vers commentent le dessin :

Du vin!—Versez!—Buvons!—Demain, rude besogne,
A la fonte, bras nus, et le pied ferme au sol,
Verser du lourd creuset dans le moule au long col
Le fer en fusion, ce n'est pas jeu d'ivrogne!...

L'Ouvrier (J. D.).

J'allais voir à l'hôpital un fondeur malade ; je le consolais. Baste! dit-il, quand on est mort, on ne fond plus.

Parlez de quelque peine lourde, et souvent l'ouvrier dit : J'ai passé par là.

Il faut entendre cela de bouche d'ouvrier.

Pour un rien, pour un doigt coupé, on va à l'hôpital ; on prend la fièvre et l'on meurt ; l'ouvrier sait ça.

L'ouvrier a de petites joies. J'étais avec un ouvrier qui venait d'enterrer son fils et rentrait seul ; il me dit : Pour le fils de Henri, le patron est parti après l'église ; il a mené mon petit jusqu'au cimetière.

Ça le flattait, cet homme.

L'ouvrier se console aussi en disant : Quand on est mort... quand on est mort, eh bien ! c'est tous les jours dimanche.

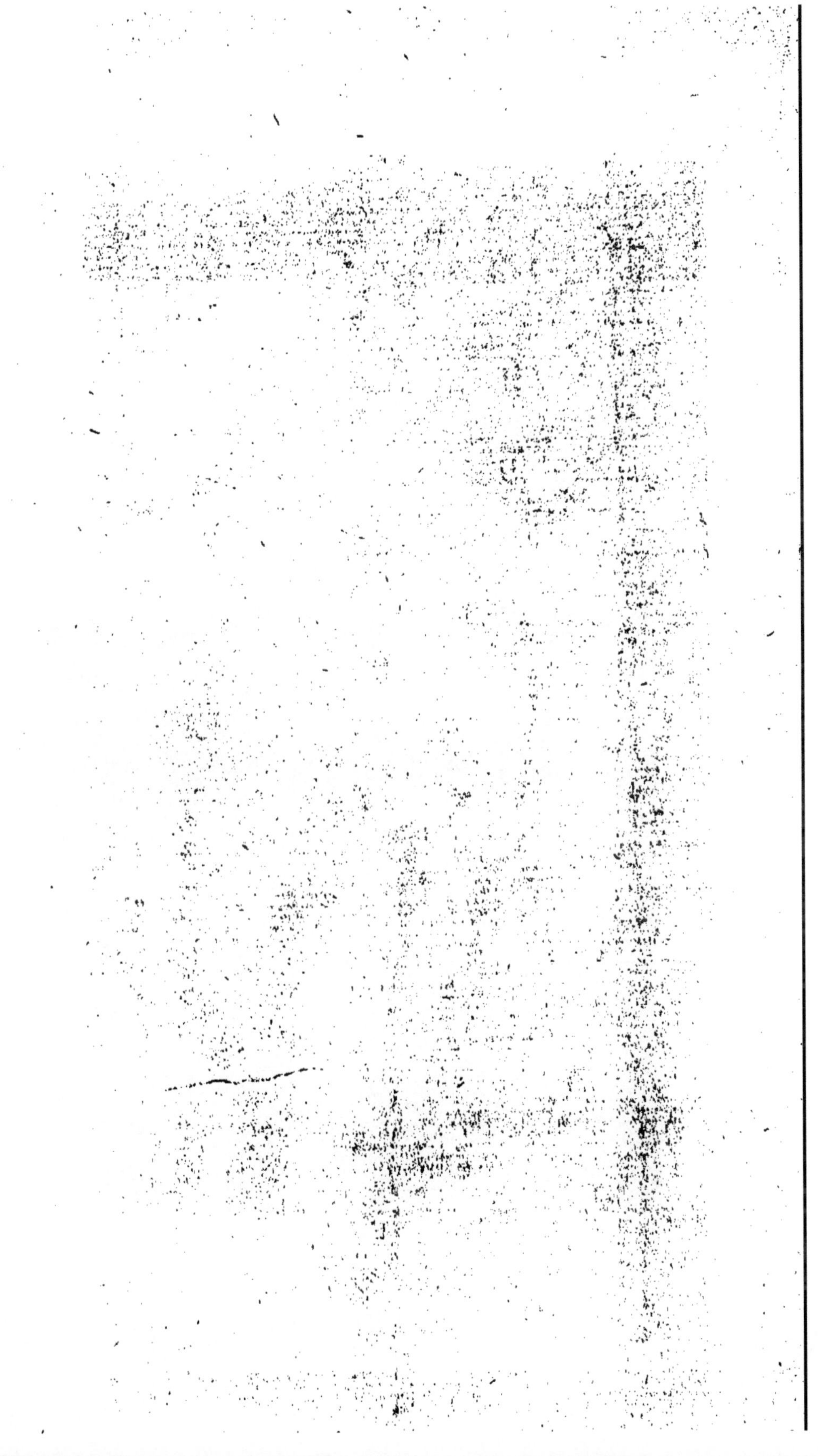

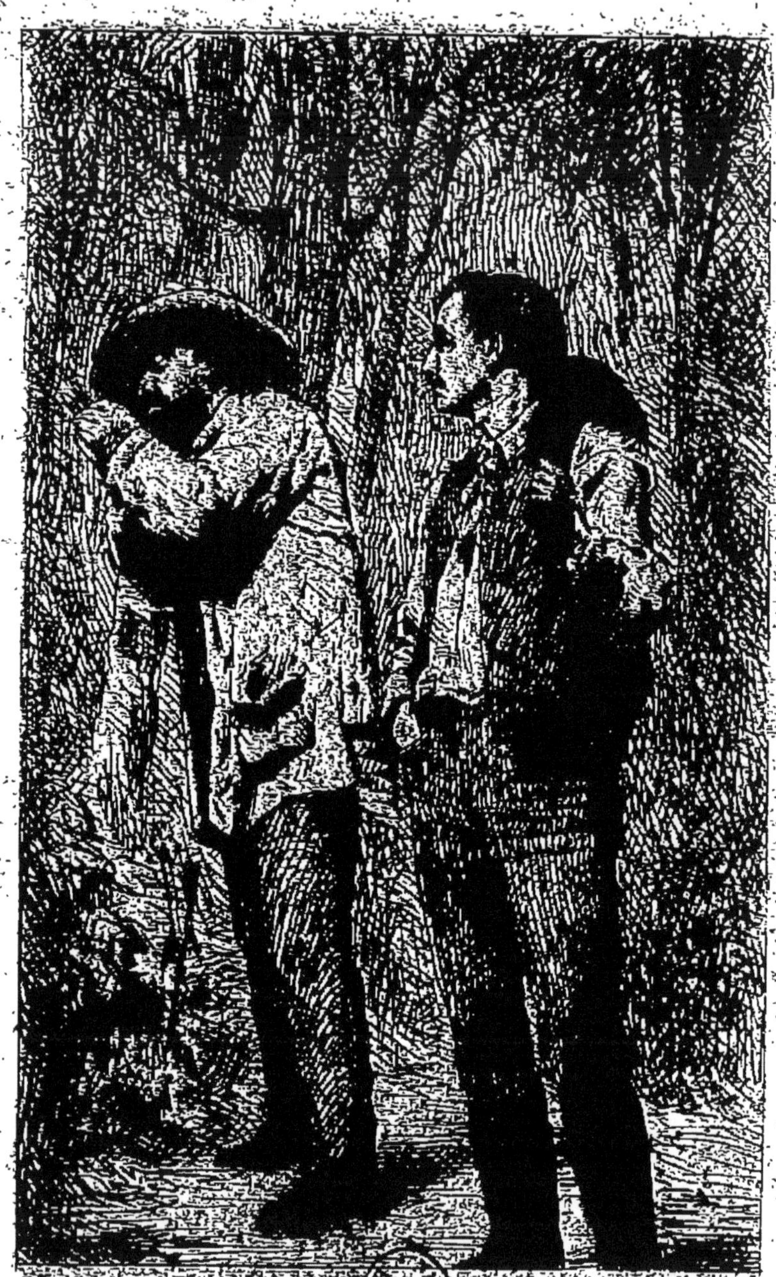

LE DIMANCHE.

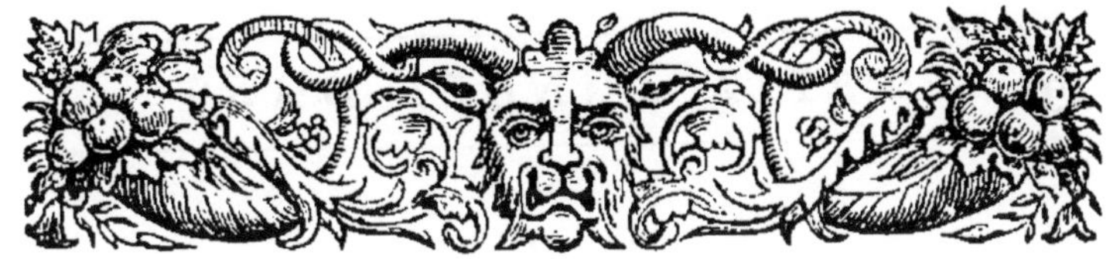

CHAPITRE XXVI

SIX PEINTRES ET DEUX SCULPTEURS

I

Le dompteur.

BARYE.

Le vieux sculpteur a pris pour modèle, de préférence à l'homme, ie lion. Le lion et lui s'entendent, et le lion tient la pose en fronçant son grand sourcil, en grondant. Il cède avec l'accablement hautain de celui qui se sait fort et se sent dessous.

C'est cela que rend l'artiste.

II

La patte d'enfer.

CARPEAUX.

Ce statuaire ne recrute pas pour le paradis. Les femmes ses modèles ? Vénus est la divinité qui a leur culte, et elles pratiquent. On le juge ainsi chez les anciens : — C'est une pauvre tête ! — Est-ce assez commun ! — Ça n'est pas vu de haut. — Ça lui sort des doigts, sans qu'il sache pourquoi.

Vraiment !

On dit aussi : — Son praticien est mort, c'est une grande perte.

Ce n'est ni un poëte ni un penseur, c'est un sculpteur, et il a une patte, une patte d'enfer !

III

Le peintre du paysan.

FRANÇOIS MILLET.

Il a semé et moissonné. Il peint semeur et moissonneur avec naïveté et toute-puissance.

Un peu de gaucherie lui sied. Il n'est pas né pour mourir; il vivra dans les temps, pour notre gloire. Il ne fait pas de commerce.

IV

Le maître ouvrier.

COURBET.

Maître peintre.

Comme un Turc il est fort et comme un agneau doux.

Père inconnu. Parbleu oui, il est glorieux!

V

Le petit maître.

MEISSONIER.

Gulliver se plaît à Lilliput; ses petits bonshommes grouillent bien. Il a son petit coin où il porte haut le menton. Ce peintre a un fils qui est peintre et ne lui fait ni grand honneur ni affront. Il a des enfants naturels, des enfants de médiocre beauté, qui ont pris la mesure de ses cadres ; dans le nombre, un charmant dont je raffole.

VI

L'homme aux chaudrons.

VOLLON.

Celui-là même qui peint superbement les poissons de mer aux nageoires roses et aux écailles blanches ; ses chaudrons miroitent et ses poissons frétillent. J'ai là devant moi un portrait de cette même main, un portrait admirable, tranquille d'effet, superbe d'accent, le ortrait même de l'homme aux chaudrons.

VII

Le bon broyeur de noir.

RIBOT.

Dans la famille de ce peintre, il n'y eut jamais ni peintre de genre ni notaire. Ce n'est pas un Espagnol, c'est un Français. Il voit comme ça. Il n'est pas le serviteur des maîtres qu'il aime. Ce n'est pas un martyr. Il se vend bien, moins bien que M. Toulmouche.

VIII

Le galant broyeur de rose.

CHAPLIN.

C'est le peintre de l'amour amourette. Il attache de jolies ailes roses au dos rondelet des petits Amours riants. Il fera revenir la mode des nez retroussés, si l'on n'y veille. Il a quelques-uns des défauts que j'aime.

Diaz est un bien autre peintre. Parbleu oui !

[illegible]

[illegible]

[illegible]
[illegible]
[illegible]
[illegible]
[illegible]
[illegible]
[illegible]
[illegible]
[illegible]
[illegible]
[illegible]
[illegible]

CHAPITRE XXVII

LES REFUSÉS

Ceci est à méditer : « Les œuvres remarquables contiennent nécessairement un peu de cette beauté choquante dont la routine s'alarme. » — THÉOPHILE GAUTIER.

J'ai vu les œuvres d'art refusées à l'Exposition de 1873. Plusieurs tableaux me sont restés dans l'esprit. Je me souviens de plusieurs noms d'artistes : Lépine, Lecœur, Mérino. La *Femme adultère* de M. Thompson est œuvre d'artiste. J'ai noté un paysage très-fin de M. Louis Latouche. Une *Nature morte*, signée d'un nom polonais, avait du mérite. Devant le *Lapin dépouillé* de M. Ferdinand

Attendu, j'ai vu s'arrêter M. Chaplin. « Il y a des qualités de peinture, » a-t-il dit. Au salon de 1874, M. Attendu avait un tableau de *nature morte,* une toile de coloriste.

M. Gonzague Privat console ainsi les affligés : « La voix publique est un avocat qui a soif de parler, rage de prouver, fureur de convaincre. » M. Gonzague Privat est peintre.

Entre ces artistes dédaignés et moi, il y a parité d'infortune. J'ai eu l'ambition de faire partie de la Société des gens de lettres, et le Comité a prononcé l'ajournement, ce qui m'a été notifié le 9 juillet 1872.

D'où m'était venue la pensée d'être admis dans cette Société ? En 1862, j'avais publié un premier livre : *Une Volée de merles;* un courtois écrivain avait dit : « M. Jean Dolent peut siffler de compagnie avec les merles les plus huppés. » — Clément Caraguel.

Le Roman de la chair vint ensuite (1866). Le principal personnage est un valet, « un merveilleux valet. » — Louis Jourdan (*Siècle*).

Un valet qui porte dans son cerveau étroit

un souffle qui semble venir des lèvres de Molière. » — Xavier Eyma (*Liberté*).

« Je parle de ce livre parce qu'il m'a fait rire beaucoup et pleurer un peu. » — Emile Zola (*Evénement*).

Le livre était peut-être « immoral » ?

« *Le Roman de la chair* est un roman humoristique qui n'a rien en soi d'immoral. » — Louis Ratisbonne (*Débats*).

« Il y a là un but élevé et de l'honnêteté, non honnêteté de prud'homme et de puritain gourmé, mais honnêteté d'artiste à large compréhension. » — Louis Asseline (*Gironde*).

A l'occasion du Salon de 1869, publié dans le *National*, M. Paul Chenavard m'avait fait l'honneur de m'écrire pour me féliciter « du sentiment viril et moral exprimé ».

En 1872 paraît *Avant le déluge*, livre composé de ce Salon et d'une série de tableaux publiés en 1869 dans la *Démocratie* de M. Ch.-L. Chassin.

Enfin l'*Insoumis* (1872), roman qui ava i

paru en feuilletons dans l'*Avenir national* (direction A. Peyrat).

« L'*Insoumis* est une étude qu'on dirait écrite par un Sterne réaliste. » — EDMOND TEXIER.

« De ce livre s'exhale un certain parfum d'une essence inconnue, mais qui ne saurait déplaire. » — (*Revue des Deux-Mondes.*)

J'arrive à ces lignes d'un membre du Comité de la Société des gens de lettres :

« On ne peut s'empêcher, en lisant le livre de M. Jean Dolent (l'*Insoumis*), de trouver bizarre que la Société des gens de lettres n'ait pas cru devoir admettre au nombre de ses membres un écrivain qui a signé déjà tant de choses appréciées ; c'est une erreur dont la Société s'est repentie dès la première minute. » — JULES CLARETIE (*Illustration*).

Il est un moyen pour la Société d'échapper à de nouveaux regrets : qu'elle ajoute à ses statuts l'article suivant, emprunté à la *Société nouvelle* des artistes peintres, sculpteurs, graveurs et lithographes :

Art. 8. — Le candidat refusé a le droit de connaître les motifs du refus, de faire appel à l'assemblée générale et de s'y faire défendre par un associé. L'assemblée, dans ce cas, statue au scrutin secret.

Cela est important. Le refus de la Société n'a atteint cette fois qu'un écrivain laborieux, mais il pourrait frapper un homme de quelque talent et le décourager, ce qui serait une mauvaise action. Moi, que rien ne lasse ni n'accable, cela dit, je me remets à la besogne paisiblement.

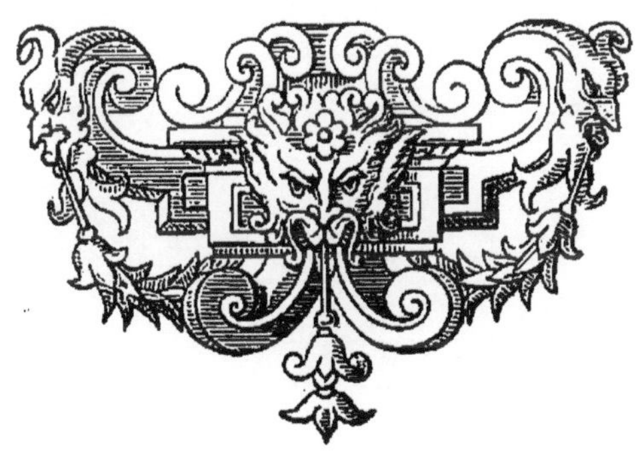

NOTES

LE SALON DE 1874

―――――

I

LES SAVANTS

Les savants, ce sont les statuaires. Là, pas de surprise, d'habileté de main ; il faut savoir quelque chose ou n'être rien. Le statuaire qui aborde le nu se montre à nu. Chacun de nos artistes traite bien, quelquefois très-bien, le *morceau ;* mais l'important est de rendre un mouvement heureux, un mouvement trouvé, non emprunté ; la part d'invention, c'est la part de mérite. Le *Narcisse* de M. Paul Dubois est un beau garçon efféminé ; mais l'artiste n'a pas rencontré un mouvement nouveau. C'est une jolie figure et l'œuvre d'un homme de goût. Suivant le mot d'hier de M. Charles Blanc, *le goût n'est autre chose que du bon sens un peu raffiné*. Du *Chanteur florentin* de M. Paul Dubois, on avait dit : « C'est de la petite sculpture; » on l'avait dit aussi du *Saint Jean*, avec moins de raison ; on le dira du *Narcisse* encore. On ne dit pas de cet habile sculpteur : C'est un grand artiste. Tant mieux. Ce mot de grand s'emploie si souvent qu'il n'a plus de prix. Qui n'est pas un grand artiste? Qui ne sert pas de grand vin à ses convives? Un écrivain loue ainsi un statuaire : « Il *pétrit* le marbre de ses mains puissantes. » On ne loue pas M. Paul Dubois ainsi.

M. Carpeaux expose un écrivain, une jolie femme et un Amour ; ce qu'il y a de plus particulier dans cet envoi, c'est le buste de l'écrivain, M. Alexandre Dumas fils. L'écrivain, en travail, est là sans façon, la chemise défaite au col, bien vivant, effronté, les yeux fatigués, le front découvert : les beaux cheveux frisés sont partis par mèches.

Mlle Sarah Bernhardt a envoyé un buste de jeune fille au Salon, un buste en marbre. Mlle Sarah Bernhardt fait de la sculpture, étudie le grec et joue la comédie; elle la joue bien.

La *Candeur*, un buste en marbre de M. Allouard, est un sérieux morceau de sculpture. Cette jeune fille, aux yeux baissés, a la belle sécurité de l'innocence. C'est une œuvre exquise. L'artiste est épris du beau féminin. Si M. Allouard m'en croyait, il effacerait la petite croix qui pare l'innocente; l'artiste a eu trop de modestie : cette *Candeur* n'a que faire d'attributs.

C'est chose grave, la sculpture. Une sottise peinte n'a pas une grande durée : quatre ou cinq siècles, moins peut-être; pauvres gens! Une ombre épaisse enveloppe bientôt une mauvaise peinture, à moins que, ne devançant l'heure, la couleur ne se détache du tableau écaille par écaille. Une mauvaise statue a de la durée, le marbre et la pierre donnent l'immortalité aux sots et aux ignorants qui manient le ciseau.

On peut ne pas visiter les musées et échapper ainsi aux mauvaises peintures; mais les statuaires sont de nature indiscrète ; ils prennent possession de nos places, ils disposent des jardins publics ; leur pauvreté d'esprit s'étale en plein air. C'est chose sérieuse, la sculpture. C'est bien déplaisant, un mauvais sculpteur.

Le *Figaro* de MM. Amy et Boisseau est resté dans les modestes conditions du programme de concours ; il est bien fait pour un hôtel qui est une hôtellerie.

Le groupe de M. Captier : *Adam et Ève,* est l'œuvre d'un talent personnel. Ce n'est pas là Adam et Eve, sans doute, mais un beau garçon vigoureux et une belle fille robuste. C'est nous-mêmes que nous montre cet artiste, nous-mêmes avec plus de chair et meilleur sang. Ces beaux animaux nous ressemblent en beau ; l'artiste nous prête la beauté qu'il admire d'un bœuf au pré et d'une génisse bien nourrie. Que nous voilà loin des joueurs de flûte !

Le groupe de M. Antonin Mercié : *Gloria victis,* est un chef-d'œuvre de composition, et c'est l'œuvre d'un artiste de talent. Le mou-

vement du génie ailé qui porte le jeune blessé
est tout à fait superbe ; le sentiment exprimé,
très-élevé. C'est le juste payement des dettes
d'honneur de la patrie.

Le groupe de M. Gustave Debrie : le *Chien
de Montargis*, éveille vivement l'attention des
artistes et fait naître la discussion.

Quoi de plus beau que ce corps d'homme;
le dos, les reins, les cuisses sont des morceaux
puissants d'une rare élégance et d'une grande
pureté de forme. La science de M. Gustave Debrie est profonde. Et comme cette belle
ligne ondoyante enveloppe cette figure d'un
jet hardi! Je n'aime pas la tête de l'homme :
elle exprime seulement une effroyable douleur physique; mais l'artiste va donner à son
œuvre la forme décisive du marbre, et ce
groupe viendra témoigner en faveur de l'art
de notre temps, de notre pays.

II

A la première page d'un catalogue d'eaux-fortes, je lis ces lignes sous la signature d'un éditeur-artiste, M. A. Cadart : « Ce procédé envahit et submerge ce qui fut la lithographie, ce qui est encore la photographie et la gravure sur bois. N'est-ce pas le cas d'appliquer ici les mots d'un poëte de génie : Ceci a tué cela ? »

Non, suivant moi. Et si ceci l'eau-forte tuait cela la lithographie ou la gravure sur bois, j'en serais bien fâché. Il y a, en effet, à signaler un pronostic alarmant. La lithographie a seulement trente-six numéros au Salon. Je ne veux pas chanter les charmes de la lithographie à l'exemple des vaudevillistes de 1825 ; mais je demande que l'on se reporte à Charlet, à Gavarni, aux bons Daumier ; je demande aussi que l'on ne soit pas dédaigneux pour M. Mouilleron. L'eau-forte est une chose, la lithographie une autre ; je ne suis pas d'avis de remplacer, de supprimer, mais d'ajouter, ce qui est un enrichissement. Dans la lithographie, on sent la main de l'artiste ; sa manière s'y montre clairement, on voit le coup de crayon gras et moelleux ; je demande que l'on me dise si l'eau-forte rend cet effet-là. L'instant de l'abandon suivra toujours la période où l'on se laissera aller à demander à un procédé autre chose que ce qu'il peut aisément donner. Je le signale à l'honorable fondateur de la Société des aqua-fortistes, M. A. Cadart, déjà l'on juge ainsi certaines eaux-fortes : On dirait de la gravure en taille-douce.

C'est un symptôme inquiétant.

L'eau-forte a cela pour elle, qu'elle rend la couleur, le mouvement. MM. François Millet, Chifflart, Ribot, Roybet, Flameng, Bracquemond et quelques autres artistes obtiennent des effets surprenants. L'eau-forte a cela contre elle, qu'elle séduit les gens qui se sont mis à dessiner sur le tard : — Où est le ciel ? — Est-ce de l'eau ? — Quel compte est-il tenu de la perspective ?

C'est là que le funeste élément amateur sévit. Et parmi les artistes, j'entends ceux qui sont admis au Salon, combien peu établissent de figures raisonnables !

On disait déjà : Les figures de paysagistes, ah ! Craignez que l'on ne dise : Les figures d'aqua-fortistes, oh !

J'aimerais que tous les procédés fussent familiers à chacun de nos peintres ; ils échapperaient ainsi à l'infidélité de la traduction ; je dois forcément faire une exception pour la gravure en taille-douce qui arracherait pour un trop long temps les artistes à la production. Un graveur me disait avec tristesse : Une planche n'est jamais terminée.

Il y a au Salon d'intéressantes eaux-fortes. M. de Rochebrune a trois grandes planches, un peu inutilement grandes peut-être, des cours de château, d'une exécution superbe. M. Appian, qui n'est jamais aussi bien à l'aise que dans les petits cadres, a fait un bon envoi. M. Feyen-Perrin s'est gardé cette fois de rappeler le maître qu'il admire, M. François Millet. La *Ronde de nuit* de M. Léopold Flameng est digne d'estime. Un élève de M. Flameng, M. Nicolas Massaloff, s'inspire heureusement des Flamands et des Hollandais. M. Foulquier a quatre eaux-fortes pour une édition des fables de La Fontaine. Il n'y a là ni effet cherché, ni mise en scène habile, mais du savoir et du goût. Le *Liseur* de M. Eugène Gervais, a après M. Miessonier, est très-bien.

Les eaux-fortes de M. Eugène Millet représentent l'*Ouvrier : A l'atelier — Au repos — Buvant bouteille — Le Dimanche — Le Jour du vote.* M. Emile Blémont juge ainsi les cinq études : « Voilà de l'art vrai fait avec de la franche nature. » Ce qui est juste.

Les *Scènes de la guerre et du siége de Paris* (1870-71) de M. Lançon sont en dehors de toute convention, de tout arrangement ingénieux, ce qui leur donne un très-vif intérêt. MM. Jules Héreau, Maxime Lalanne, Martial Potemont sont au premier rang des aquafortistes toujours.

La miniature n'est plus goûtée, cela me mécontente ; elle n'est pas faite pour tous les modèles, mais qu'elle tire un bon parti des toutes jeunes femmes et des beaux enfants!

Le pastel est aussi bien peu en faveur. L'heure fatale sonnait le jour où pour la première fois il a été dit : Voilà un pastel qui a la solidité d'une peinture à l'huile.

Un échange de portraits au pastel entre amants est ce qui convient. Souvent même le pastel a encore trop de durée.

On n'en est pas à dédaigner le dessin au fusain de M. Allongé, c'est faire preuve de goût.

Il y a au Salon un grand nombre d'aquarelles qui ne sont pas des aquarelles, mais des gouaches; les artistes, non sans malice, qui excellent en cet art, ont, eux aussi, entendu cette louange de funeste augure : Cette aquarelle a la solidité d'une peinture à l'huile.

Qu'ils y songent !

« Ce qui est encore la gravure sur bois » fait bonne figure au Salon avec MM. Bœtzel, Auguste et Pierre Tilly, Hildibrand, Louis Dumont, Froment, Adolphe Gusman, Joliet, Pannemaker, — et je m'en réjouis.

La peinture sur porcelaine est la spécialité

des femmes artistes; elles ont pour la plupart reçu les leçons de Mme D. de Cool. Le *Printemps* de M. Cot a été peint cette année sur porcelaine par Mlle Eulalie Téka : aussi par Mme la comtesse de Laferrière ; M. Voillemot est reproduit sur porcelaine. Le *Puits qui parle* de M. Vély est en faveur. M. Compte-Calix fournit des modèles à la peinture sur émail. Mlle Denise Bernard a peint sur porcelaine la *Femme à la cage* de M. Chaplin; j'ai remarqué les *Bulles de savon* du même artiste. On copie sur porcelaine les tableaux de M. Bouguereau; qui ne l'a pas deviné! La *Naissance de Vénus*, par M. Cabanel, fait bien sur éventail, et Mlle Daubrive a peint avec exactitude sur porcelaine le *Paradis perdu* du même peintre.

III

Je ne fais pas partie de ce peloton d'exécution, les critiques au mode farouche; mais je n'ai point non plus ma place dans les rangs de ces « claqueurs » au mode lyrique, si empressés d'applaudir qu'ils empêchent d'entendre l'air de bravoure de l'exécutant : *Ils partent trop tôt.* Je dis que tout artiste est l'obligé de quelqu'un ; il doit son initiation à quelque accident heureux, — à une lecture, — à un mot entendu, — à un tableau, — et j'aimerais à entendre l'artiste en faire l'aveu. Il s'en garde. Il y a parmi les artistes un grand nombre de gens friands des fruits et fort amateurs des fleurs du voisin, et ils en tâtent, quoique la critique veille. Et parmi ceux-là, plusieurs artistes d'un haut renom et tout pleins d'orgueil. Les triomphateurs sont dédaigneux ; cependant il y a des exceptions à faire. J'ai un ami aimé de toutes les femmes, et qui ne les dédaigne point. Cet ami, il est vrai, a un esprit original. Qu'on en juge : il a écrit une comédie à trois personnages : une jeune veuve, une soubrette et un jeune homme, et la comédie ne ressemble pas au *Roman d'une heure !*

Chacun de ces critiques dédaignés, s'il ne se perd pas dans l'étude des procédés de l'artiste, peut avoir une action utile. — L'un de nous tient une palette, — un autre est poëte, — un autre a beaucoup voyagé. — Chacun de nous donne à la lecture une bonne part de sa vie, et, si nous pouvons modestement limiter nos observations à ce que nous savons, nous, et que les artistes ignorent, quelque profit peut être tiré par l'artiste du commentaire de l'œuvre. — J'ajoute que les jeunes critiques au cœur sensible voient se lever le soleil quand ils rentrent au logis, ce qui les rend tout à fait propres à juger si l'artiste rend bien cet effet.

L'artiste n'avoue point aisément devoir quelque chose à quelqu'un. Il a passé l'eau, mais qui lui a payé le péage ? Il ne le dit pas volontiers. J'ai plaisir et intérêt à faire cette recherche.

Je ne vois pas au livret le nom du maître de M. Edouard Manet. Est-ce qu'il n'a point eu de maître ? Goya n'a-t-il pas eu une influence sur les idées de l'artiste ? Le *Bon Bock* ne devrait-il rien à Franz Hals ? M. Manet expose cette année un tableau : le *Chemin de fer*, dont je ne nie pas les qualités de ton ;

mais le jour où M. Manet établira des figures
bien modelées dans la belle lumière qu'il aime,
je prendrai pour devise la devise même de
M. Manet, qui est celle-ci : « Tout arrive. »

M. Alfred Dehodencq, dit élève de M. Cogniet au livret, doit quelque reconnaissance à
Eugène Delacroix. Que l'on s'arrête un moment devant l'un des trois tableaux exposés
cette année : *Une Mariée juive à Tanger*.
M. Dehodencq le nie certainement ; Eugène
Delacroix s'en défendrait peut-être.

M. Charles Daubigny, toujours familier et
sincère, a, cette année, deux belles toiles : *les
Champs au mois de juin ; — la Maison de
la « Mère Bazot », à Valmondois* (Seine-et-
Oise). — Le livret donne M. Charles Daubigny pour élève à Paul Delaroche ; mais quel
est le vrai maître de M. Daubigny ? Est-ce
Constable ? Est-ce Théodore Rousseau ?

M. Karl Daubigny, qui a deux tableaux au
Salon : *Une Ferme à Honfleur, — Route de
Paris* (Fontainebleau), est bien élève de son
père, un bon élève, pas trop obéissant, ni in-
discipliné.

Chintreuil était élève de M. Corot : le livret l'indique ; mais où se montre l'influence du maître ? Que l'on examine les trois tableaux de Chintreuil. Je crois que M. Corot professait la fenêtre ouverte et que pendant la leçon Chintreuil, bien inspiré, regardait la campagne.

M. Charles Meissonier est élève de son père ; c'est un bon élève et un bon fils ; je le voudrais plus « répondeur ».

De M. Meissonier le père on a pu dire : C'est un élève de Daguerre. Ce n'est pas juste : Meissonier est un artiste ; Daguerre n'est pas pour lui un maître précieux, mais un ami, un ami obligeant.

Si je lis au livret que M. Chaplin est élève de Drölling, je songe qu'il est fait tort aux petits maîtres du dernier siècle, et que ce n'est pas à Drölling que fait honneur le *Portrait de femme* de M. Chaplin.

Le livret donne M. Georges Clairin comme élève de Picot et de M. Pils. M. Clairin a deux toiles au Salon : *le Massacre des Abencérages, à Grenade, — Un Conteur arabe à*

Tanger. M. Clairin n'est pas élève de M. Pils et il n'est pas le serviteur de Picot; c'était l'ami de Henri Regnault. Ils avaient été frappés par les mêmes spectacles, sensibles aux mêmes impressions. Tout était commun entre eux; même cœur, même esprit. Georges Clairin n'a rien pris à Henri Regnault ; ils ont partagé.

Le *Charles Martel* de M. Puvis de Chavannes ne me dit pas ce que cet artiste intéressant doit à M. H. Scheffer et à M. Couture.

Je reconnais la fermeté de M. Bida dans son élève M. Paul Laurens. Et je pense que les trois tableaux de cet artiste : *Saint Bruno refusant les offrandes de Roger, comte de Calabre, — Portrait de Marthe, — le Cardinal,* — ont une haute valeur artistique. M. Paul Mantz dit de M. Paul Laurens : « C'est un peintre bien français et raisonnable. » Ce qui est bien dit.

La vérité est, je crois, qu'il n'y a ni maîtres ni écoliers, mais des artistes et des gens à vue courte. Quel est le maître de François Millet ? Quel est le maître de Courbet ?

Dire de M. Gustave Doré ce mot plusieurs fois répété : « C'est un élève de Ruggieri, » c'est faire une faible épigramme sur un médiocre peintre qui est un dessinateur tout à fait extraordinaire, dans la note qui lui est propre : *Rabelais*, les *Contes drôlatiques*.

Il est chez nous une classe d'artistes impersonnels, sans âge, sans sexe, sans patrie, n'ayant ni préférences ni antipathies, prenant dévotieusement l'avis du marchand, obéissant à M. Fortuny ou à quelque autre : ils vont en Orient, ils partent en Bretagne, ou bien — ce sont les plus fêtés — ils s'entendent à raconter ce qu'ils n'ont pas vu. Il y a des écrivains de cette famille. On a lu avec émotion *Une Lettre aux Prussiens*, signée : *Une Mère*. On se souvient de cette *Lettre au ministre de l'instruction publique*, signée : *Un Écolier*, et qui faisait sourire par sa naïveté. Farceurs !

A la partie réservée à la sculpture, avant de s'arrêter devant les œuvres fortes et savantes, on est retenu par le joli buste de la jolie comédienne Mlle Croizette, par M. Carrier-Belleuse.

M. Carrier-Belleuse, en ses beaux jours, fait songer à Clodion, à qui il songe : c'est un décorateur habile, et, si d'autres artistes me tiennent plus fortement, je goûte fort sa prestesse de main. La physionomie mouvante de la jeune demoiselle Croizette a bien été saisie par l'artiste dans les quinze minutes de pose qu'il a obtenues.

> Charmante, si vous vous taisez,
> C'est alors que vos yeux bavardent ;
> Et la nuit, si vous reposez,
> Les secrets que vos yeux clos gardent,
> La bouche les dit. Pour mon bien,
> Vous le savez, je n'en sais rien !

IV

L'ÉCOLE

(*Notre Académie de Rome*) :

« Dans ce milieu laborieux et recueilli où l'École française, quoi qu'en dise une critique ignorante, a toujours recruté ses artistes du savoir le plus sérieux, le plus fécond et le plus sain. »

OLIVIER MERSON.

J'aime passionnément l'art grec ; ses dieux et ses déesses, qui sont les plus beaux des hommes, les plus belles des femmes, je les

aime. J'estime les talents d'école ; ceux-là
qu'un même amour retient dans le bois sacré,
une nécropole peuplée d'ombres. Ils sont
là à l'écart, dédaigneux, ces génies ailés, des
robustes piétons nos amis, de ces bons mar-
cheurs sans grande science, naïfs et impres-
sionnés, qui sont de ce temps et de ce pays, le
nôtre. Et j'admire l'ardeur de ces jeunes hommes au front pâle ; mais ce petit groupe ne
peut entraîner les gros bataillons, et nous com-
battons pour vaincre. Ne les troublons pas
dans leur solitude, ces amants fidèles d'une
maîtresse morte. Nos amis les artistes vivants
courtisent la vie. Ils rêvent de nous donner
une idée de l'espace, de la force, de la fécon-
dité, de la grâce. Les fables païennes sont ingénieuses ou profondes, mais le sens précis
reste obscur pour la foule des gens illettrés.
Nous sommes des Français venant de la
Gaule ; nous ne pouvons créer et aimer que
ce qui vient de nous et qui est fait à notre
ressemblance ; le reste est affectation pure. La
Renaissance est retournée à l'étude de l'anti-
quité échappant ainsi aux rêves des Primitifs ;

mais cette forme de l'art est le patrimoine du voisin.

L'Ecole a ses traditions, sa langue, ses mœurs, son esprit. Il est de tradition d'école de peindre Suzanne au bain, Suzanne surprise par les vieillards ; mais les peintres de l'Ecole montrent Suzanne baignant seulement ses jolis pieds.

L'homme est trop grand, debout, pour servir de modèle aux talents d'école ; ils le montrent, avant la bataille, sur son lit de repos ; après la bataille, parmi les morts. Ils sont épris de l'immobilité. Admis dans la familiarité des dieux et des demi-dieux, ils ne sont pas sensibles à nos petites joies et à notre humaine beauté. Ils aiment la mort ; ils nous montrent la tête de Goliath à la main de David, la tête d'Holopherne à la main de Judith, la tête de saint Jean-Baptiste sur un plat ciselé, les buveuses et les buveurs de poison, les belles noyées, Ophélie, Roméo et Juliette, Cléopâtre piquée par l'aspic, Cléopâtre morte. De belles femmes aux yeux fermés, blêmes, les membres rigides.

M. Rixens est un homme de quelque talent, un talent d'école ; sa morte, sa *Cléopâtre,* est l'œuvre froide et étudiée d'un jeune
homme de savoir et de mémoire. Cette Cléopâtre est une belle morte, mais c'est une morte.
M. Rixens est du Midi, le pays du beau sang,
des yeux qui brillent ; il est du Midi : qu'il le
montre.

M. Blanchard a exposé un tableau d'école :
Hylas entraîné par les Nymphes. Le thème
seul est antique. Ce tableau de cet élève de
l'Ecole de Rome rappelle ces récits qui vont
depuis longtemps de bouche en bouche : le premier narrateur avait charmé, mais le récit va
toujours s'amoindrissant, s'estompant ; il n'a
plus de contours précis ni de relief. L'un a ou-
blié le lieu où se passe la scène ; l'autre, l'âge ;
l'autre, le sexe. Il y a danger à conter les vieilles
histoires.

La *Séléné* de M. Machard est un excellent
tableau d'école : Séléné répand autour d'elle
« la blanche clarté ». A l'Ecole, on aime cette
pâle clarté ; les élèves de l'Ecole sont des
amants de la lune, et il ne leur déplaît pas

que l'amante soit hors de portée des embrasse-
ments passionnés.

M. Cabanel est un peintre d'école qui semble avoir délaissé les déesses pour les duches-
ses, et M. Bouguereau trouve Plutus obéissant.

Les véritables artistes d'école ne sont pas
ceux-ci : ils enlèvent aux momies leurs ban-
delettes, ils trouvent un sujet de tableau dans
un vers de Virgile ; ils remuent les paperasses,
étudient les vieilles médailles, visitent avec
passion les ruines. Je ne médis pas de la
science, et, parmi ceux qui tiennent une plume
de critique, je distingue les savants écrivains.
Si je lis par exemple une page offensante du
critique compulsant de la *Patrie,* je n'en con-
serve pas de ressentiment : car, je m'en souviens, c'est à lui que nous devons l'étymologie
précise du populaire dicton : « Non, c'est le
chat. » Respectons les savants.

A l'Ecole des beaux-arts, on aime les fruits
en cire et les femmes de marbre. Nous sommes d'un pays qui s'appelle la France et d'une
ville qui est Paris ; il est bien de le rappeler à

certains jours. Confessons-nous; nous sommes sensuels ; disons-le : nous aimons le mouvement, la gaieté; c'est dit. Nous aimons ce qui est simple, sans apprêt, familier, les petits mots qui frappent juste et les petites phrases qui peignent bien.

N'oublions pas que nous sommes des gens de curieuse et particulière espèce, qu'à tout instant nous nous montrons à qui veut nous voir, et nous n'avons ni palme à la main ni tunique blanche. Nous avons de la poésie, une poésie à nous, qui a une saveur propre. Tout en haut et tout en bas, il y a des cœurs de poëte. J'ai vu un chiffonnier (pardon !) qui rentrait, la hotte pleine; en chemin, heureux hasard, il voit un bouquet de lilas fané sur le pavé; il le pique du crochet et dit : Ce sera pour Bichette.

Naturellement, je ne recommande pas ce sujet de tableau à messieurs les élèves de l'Ecole des beaux-arts.

Je trouve utile de le dire encore : nous avons une «nature». Une femme a une lettre à faire remettre à son galant, de deux commissionnaires elle choisira celui qui a les dents blanches. C'est là un trait de notre caractère. Nos cimetières sont riants et nos deuils coquets, c'est là une façon d'être de notre esprit.

L'art chrétien a ses fervents. Les artistes aiment Jésus pour sa beauté, sa fin tragique ; ils aiment la Vierge, qui fait de belles lignes étendue au pied de la croix ; ils aiment la Vierge et Jésus en artistes.

M. Henner n'est pas un peintre d'école. Prix de Rome, il a reçu l'accolade du fonctionnaire, écouté les exhortations de ses maîtres, et il n'est pas de l'Ecole. Un peu timide, tant il est épris de la distinction ; plus harmoniste que coloriste, il n'obéit à aucun. Où voyez-vous là Drölling ? Où se montre Picot ? Ce n'est pas un peintre d'école, c'est un peintre. Il a le désir de dire des choses qui ne sauraient être dites par nul autre, ce qui est une louable ambition d'artiste.

M. Lecomte du Nouy est un peintre d'école ingénieux et froid. Il expose *Eros (imité d'une pierre antique)*. Il y a toujours, dans l'œuvre des plus indépendantes d'entre ces peintres, une recherche de la belle tenue et un certain désir de montrer quelque science. S'ils se tiennent par instants un peu en dehors des traditions d'école, ils ont l'air vainqueur de l'écolier un jour de sortie.

Haut l'esprit, messieurs!

V

QUELQUES PEINTRES

J'entends des peintres, ceux-là qui ont le souci du ton juste et le sentiment de l'harmonie. Toute liberté à l'artiste en ceci. Chaque artiste a sa couleur favorite à laquelle il est fidèle, même si elle le trahit. Il mêle le blanc au carmin, ou bien les tons bruns le charment. Il en est qui se donnent la tâche de faire des variations sur une seule couleur. L'analogie entre la peinture et la musique me frappe vivement : parfois le hautbois nasille, le flageolet siffle et la basse grogne ; — parfois les pinceaux font de détestable besogne. Les poëtes, ces buveurs de rosée, — et qui dit buveur de rosée dit buveur d'eau, — sont sensibles à ces rapprochements non sans fadeur.

M. Henri Pille expose *Un Pardon aux environs de Guéméné* (Morbihan), un tableau un peu froid, harmonieux, tenu dans les gris fins. M. Pille est un peintre qui n'a mis en scène que les sept couleurs de la palette. C'est un chanteur qui a un joli medium; pour le goûter à sa rare valeur, il faut avoir l'oreille fine. Du thème choisi, il ne s'est pas préoccupé sensiblement. Ses croyants ont une foi tempérée; ils font la sieste en grande tranquillité d'esprit; leur chair n'est point formée d'une « poussière ardente ». J'ai dit : M. Henri Pille est un chanteur; un « compositeur » eût été plus justement dit. Il n'a pas de cymbales dans son orchestre.

M. Jean Matejko, élève de l'Ecole des beaux-arts de Cracovie, est un bon peintre; c'est aussi un habile metteur en scène. La pièce qu'il montre est à grand spectacle : *Etienne Bathori, roi de Pologne, devant Pskow.*

M. Eugène Fromentin expose cette année

deux tableaux de valeur moyenne ; mais il a un excellent tableau à l'Exposition des Alsaciens-Lorrains. L'autre dimanche, un vieux maître de l'ancienne Ecole a dit devant ce tableau excellent : « Ah! c'est de... je ne me souviens jamais du nom de ce petit-là. —Fromentin, dit quelqu'un. — Ah! oui, Fromentin... que c'est loin de Marilhat ! »

Et cela lui faisait plaisir de le dire.

M. Alphonse de Neuville a fait œuvre de peintre : le *Combat sur la voie ferrée* est un tableau qui ne tire pas tout l'intérêt du sujet choisi. On raconte que M. Meissonier, qui n'est pas tendre, a baisé M. de Neuville sur les deux joues, le jour du dernier coup de brosse.

M. Duez est un moraliste enfantin et un bon peintre; il expose : *Splendeur et Misère*. Une chiffonnière et une cocotte. La cocotte est mal habillée, mal coiffée, et n'est point faite pour plumer les bêtes à poil; en aucun instant de sa vie elle n'eût été capable de dire ce mot, prêté à une de ses supérieures : J'aime, j'aime à en devenir sage.

Le portrait de Mme Judic, par M. Piot-Normand, est agréable; le modèle s'y reconnaît suffisamment :

> Pleurer révèle une âme tendre;
> Mais les pleurs qu'on lui voit répandre
> Jaillissent du rire joyeux :
> Voilà tous les pleurs de ses yeux.

M. Philippe Rousseau a deux tableaux au Salon : la *Fête-Dieu*, — la *Salade*. J'aime bien mieux ses feuilles de salade que ses feuilles de rose.

M. Pierre Galibert a trois tableaux de nature morte : *Coq*, — *Sarcelle*, — *Poule ;* des toiles d'une justesse de ton et d'une simplicité de facture étonnantes.

M. Gérôme n'est pas un peintre dans le sens que nous donnons à ce mot. Il trouve aisément un thème heureux, une disposition habile. Il exécute patiemment de petites compositions spirituelles, faites pour arrêter les gens. Il se « comporte » bien dans les ventes. Ses trois tableaux de cette année sont : *Une Collaboration*, — *l'Eminence grise*, — *Rex Tibicen*. Ce roi, Frédéric de Prusse, rentrant de la chasse tout botté encore et jouant de la flûte, montre le derrière de ses chausses aux amateurs du talent de M. Gérôme. C'est un dernier triomphe pour M. Gérôme : Alcibiade a coupé la tête de son chien.

Mais je parle bien légèrement des triomphateurs de l'heure présente, et, si je prends ce ton léger, c'est par dédain du pédantisme. Les livres des savants disent que les *échassiers* se composent de cinq familles ; je crois que le nombre en est plus grand. Il en est parmi les artistes, il en est dans nos rangs ; des écrivains de cette classe, on dit dans les ateliers : « Ils posent l'ensemble. » Ces messieurs les échassiers disent de Théodore Rousseau : « C'est un géant ; » de M. Corot : « C'est un colosse. »

Chez les artistes on ne se garde pas toujours du grossissement ; c'est ainsi que de jeunes peintres, épris des coloristes, disent devant le *Christ* de M. Bonnat : C'est M. Cabanel qu'il serait bon de mettre en croix.

Je juge que ce serait mal.

Du chef du jury, ils disent : C'est le chef des égorgeurs.

20.

Je trouve qu'il y a là une certaine exagération.

M. Robert Fleury, le chef du jury, dit avec bonhomie : «Six et six font douze, douze et trois font quinze; j'ai prononcé quinze mille fois les mots : *Reçu,—Refusé.* Je suis enroué.»

Le châtiment est suffisant.

M. Corot se présente avec trois toiles dans tout le charme de la grâce aisée et du négligé aimable. Le croyant louer à son gré, on dit d'ordinaire : « C'est plus qu'un peintre, c'est un poëte. » Eh non ! ce n'est pas un poëte, c'est un peintre, un peintre! D'Ary Scheffer on avait dit aussi : « C'est un poëte; » de Paul Delaroche : « C'est un historien; » on dit d'Eugène Delacroix, qui leur survit : « C'est un peintre. » En jugeant ainsi M. Auguste Glaize : « C'est un philosophe, » on le critique sans pitié. — Le jour où M. Couture a signé un premier faible tableau, ses amis ont écrit : « C'est un moraliste. » On dit déjà de M. Gérôme : « C'est un homme d'esprit, » qu'il prenne peur. Je signale à M. Alma Tadéma qu'on parle de lui avec respect, « C'est un sa-.

vant, » dit-on. Que cet avis lui soit profitable.

Il ne s'agit ici ni de chanter, ni de prêcher, ni de rêver, mais de peindre. Un artiste, si bon philosophe qu'il soit, si poëte qu'il se montre, s'il n'est pas peintre, n'est rien.

Les artistes ont une façon de montrer leur patriotisme : c'est de peindre de bons tableaux, autrement ils s'abîment en des poëmes sans fond, en des moralités sans forme ; ils prêchent, ils argumentent : ils nous assomment. Ils avaient voulu nous donner l'amour de la vertu, et ils n'ont fait qu'éveiller en nous, puissante et vivace, l'horreur de la mauvaise peinture ; les cantates des mauvais peintres louent mal la patrie, et leurs cantiques ne vont pas jusqu'à Dieu.

Le premier devoir du peintre est d'être un peintre : c'est là un paradoxe audacieux.

VI

Je suis pour les génies au mode familier, ceux-là qui sont bien de chez nous, ceux-là qui nous ressemblent en grand, qui nous résument en beau. Nous ne sommes pas des lyriques, sachons-le bien et disons-le haut; sauvons-nous par la sincérité; nous sommes plus gourmands de bon vin que d'ambroisie. La passion, la grande passion nous manque; aussi les héros des tragiques amours que nous montrent nos peintres semblent n'avoir point « passé un repas ». Je me place au point de vue français, et ce qui me ravit dans la gloire de l'artiste français, c'est ce qu'elle nous donne de gloire. Tout ce qui est fait par nos peintres, nos sculpteurs, pour donner une idée de notre sol, de notre figure, de notre esprit, m'enchante; et, je le dis, si le Salon de 1874 avait été indigent, j'aurais laissé là le compte rendu sommaire qui m'était demandé. Bien heureusement, nous avons du talent, de la grâce, du charme, et mieux, de la puissance.

Nous avons de la naïveté aussi. J'étais devant un portrait du jeune M. Bastien-Lepage, le portrait de « son grand-père », un portrait délicieux, frais, fin, charmant, un peu trop frais peut-être; je montrai ma joie, et, me retournant, je vis bien que l'on me regardait.

Quelqu'un dit à demi-voix en me désignant :
« Le peintre! » Et j'eus un beau salut et un
sourire adressés à l'auteur du portrait,
M. Bastien-Lepage; c'est lui qui a du talent,
et c'est moi qui suis vaniteux.

Le portrait, qui venait mal, est devenu excellent un certain jour, et, ce jour-là, le peintre et son grand-père — ils s'adorent — sont
restés là cinq heures, l'un tenant la pose bra-
vement, l'autre peignant sans relâche, jusqu'au moment où M. Bastien-Lepage a jeté
sa palette en disant : Grand-père, je te per-
mets de prendre une prise.

En arrivant, j'avais vu un joli tableau. Dès
neuf heures, une femme et ses deux filles at-
tendaient, elles premières, l'heure d'entrée.
une ombrelle ouverte pour elles trois Elles
étaient venues trop tôt..., pour entrer avant
tout le monde..., pour bien voir. J'ai eu plaisir à les regarder.

En parcourant le Salon, une réflexion m'est
venue. Il y a des gens qui font de l'art pour
l'art dans tous les métiers, des jardiniers qui
font pousser les belles fleurs, les bons fruits.

non pour les manger ni les vendre, mais pour qu'ils poussent malgré le vent et la grêle et la gelée. Nos petits peintres de genre ne sont pas de cette famille; ils songent avidement à la récolte. MM. Vibert, Worms, Berne-Belle-cour, Caraud, Chavet, Fichel, et quelques autres, sont de malins jardiniers.

Je sais bien que l'art dégagé de toute pensée mercantile est la terreur des petits esprits. « La planche est trop étroite, » dit le froid amant, peu tenté d'aller de sa fenêtre à la fenêtre de sa maîtresse. La route est périlleuse, le gouffre profond ; le vertige saisit les plus braves, et l'artiste peu épris dit, lui aussi : « La planche est trop étroite. » Le rôle du critique est di-versement apprécié. L'ignorant et son guide, c'est peut-être l'aveugle et son chien ; parfois le chien, lui aussi, est aveugle. Je crois qu'une Renaissance nouvelle est possible ; un groupe de nos artistes, tous gens de belle carrure, rudes à la besogne, est constitué pour cet ef-fort. Ainsi qu'ils sont nés, qu'ils se montrent et qu'ils se mettent hardiment en chemin. Si, altérés en route, ils nous mènent à quelque kermesse, nous les y suivrons résolûment. Nous ne sommes pas un peuple de rêveurs, la mélancolie n'est point notre fait, et il est important de le dire. Rien de fort ne peut être tenté si nous méconnaissons la nature de notre être, notre personnalité, ce qu'il y a en nous de particulier. Nous aimons le beau sang, les mines réjouies, les faces épanouies, les gens en bonne santé et de belle humeur. Les belles fleurs nous plaisent moins que les beaux fruits. Eh ! disons-le, nos chansons ont le ton plus franc que nos élégies. Ne jouons pas en mauvais comédiens la comédie du sentiment ; chantons en pleine moisson, buvons en pleine vendange.

Le salut pour nous est d'être obéissants à notre instinct naturel. M. Emile Lévy est un artiste ingénieux et subtil ; que manque-t-il à ses idylles ? Le naturel. Nos idylles sont fausses : nous ne sommes pas innocents.

M. Carolus Duran n'est pas un rêveur ; c'est un peintre. Je ne sais pas s'il pense ; je vois qu'il peint.

Un peintre qui est un vrai peintre expose

trois tableaux qu'il faut admirer : *la Lecture,* — *Portrait de Madame* ***, — *Jeune Fille.*

Ce peintre est Ribot. Il fait sortir de l'ombre avec une puissance supérieure les personnages qu'il crée. Il leur donne une bonhomie, une tranquillité qui saisissent. D'autres triomphent qui séduisent par une coloration lilas tendre, ou violet rosé ; Ribot veut éveiller la passion, non le caprice ; il est né parmi ceux faits pour les hautes ambitions ; il n'est pas courtisan, ni conteur de fadaises. Et je le dis, il est l'un des peintres de notre temps qui ont de longs jours à vivre. Ceux-là sont François Millet, Courbet, Ribot, Vollon, Meissonier, Daubigny, Corot, — Roybet peut-être (1).

Nous avons du talent cette année au Salon.

(1) Un curieux *fac-simile* du *Samaritain* de Ribot par le rédacteur en chef de l'*Art universel,* M. Camille Lemonnier : « L'estomac, creusé de trous qui dessinent les côtes, est bouqueté d'un crespèlement de poils gris. L'aisselle, marquée de fosses brunes, s'encave profondément et repousse par ses tons foncés le bourrelet blanchâtre des seins ; les genoux, lobés avec la crânerie de Ribera et piqués de points rouges qui ressemblent à des grumes d'écorchures, sont une des belles choses que j'aie vues. Une aigre clarté frappe en plein les pectoraux de l'homme et leur donne une pâleur extraordinaire qui s'atténue plus bas, aux jambes, dans une ombre où la chair garde néanmoins ses rosés blanchissants. »

Je dis : nous, c'est ma faiblesse. Nous avons du talent Courbet absent, et François Millet, et Meissonier, et Baudry. Nous consentons à nous montrer ainsi que nous sommes, non des joueurs de luth, mais des gaillards épris de réalité.

M. Bonnat a crucifié un beau modèle d'atelier. M. Bonnat n'est pas un mystique : il ne parle pas à l'esprit. Cette fois encore il a bien fait son métier de peintre ; ce n'est pas Jésus, ce supplicié. Le peintre a peut-être pensé que le moment est venu d'accrocher Ponce-Pilate au gibet.

Voici ce que je crois : les pastorales des temps nouveaux auront pour décors les prairies et les champs de M. Daubigny ; on s'aimera sous les pommiers en fleur, là, tout près, en pays normand, sur le sol picard ; où les bergers soufflaient dans les chalumeaux viendront paître les bœufs et les moutons, et les nymphes robustes de Courbet auront pour miroirs les chaudrons de maître Vollon.

FIN

[illegible]
[illegible]
[illegible]
[illegible]
[illegible]
[illegible]
[illegible]
[illegible]
[illegible]
[illegible]
[illegible]
[illegible]
[illegible]
[illegible]
[illegible]
[illegible]
[illegible]

TABLE DES MATIÈRES

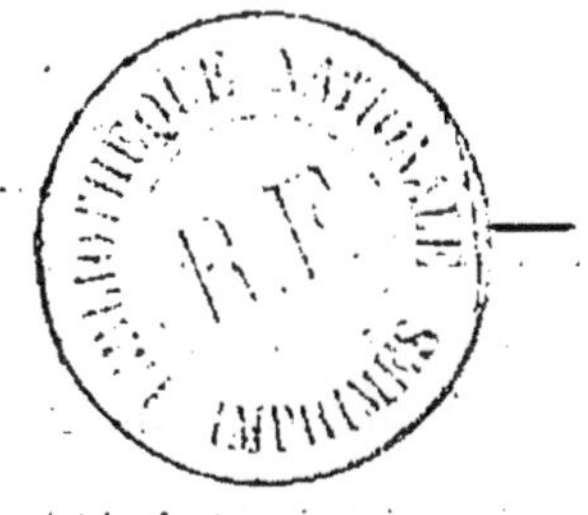

Paris. — Imp. GAUTHIER-VILLARS, 55, quai des Grands-Augustins. — 2840-74.